3日でわかる法律入門

はじめての
担保物権

第8版

尾崎哲夫 著

自由国民社

はじめに――法律をみんなのものに

❖ **私たちと法律**
「法律は難しい」というイメージがあります。
また「法律は専門的なことで，普通の人の普通の生活には関係ないや」と思う人も多いことでしょう。

しかし，国民として毎日の生活を送るかぎり，いやおうなしにその国の「法律」というルールの中で生きているはずです。
クルマに乗れば，道路交通法に従わなければなりません。
商取引は当然，商法などの法律の規制の下にあります。
私達はいわば法の網の目の中で，日々の生活を過ごしているわけです。
法律の基本的な知識を持たずに生活していくことは，羅針盤抜きで航海するようなものです。

❖ **判断力のある知恵者になるために**
法律を学ぶことには，もう一つ大きな効用があります。
法律を学ぶと，人生において最も大切な判断力が養われます。
ともすればトラブルを起こしがちな人間社会の生活関係において，そこに生じた争いごとを合理的に解決していく判断力を養うことができます。

たとえば，学生が学校の銅像を傷つけたとします。
判断力のない小学生の場合，次のような反応をします。
「えらいことをしてしまった。叱られるかな，弁償かな」

でも法学部の学生なら，次のような判断ができるはずです。

「刑法的には，故意にやったのなら器物損壊罪が成立する」

「民法的には，故意／過失があれば不法行為が成立する。大学は学生に対して損害賠償請求権を持つ」

このように判断した後ならば，次のような常識的判断も軽視できません。

「簡単に修理できそうだから，問題にならないだろう。素直に謝って始末書を出せば平気かな，わざとやったわけではないし」

❖民法は「法律の王様」

数ある法律の中でも，民法は「法律の王様」といわれています。

それは，**民法の中にあらゆる法律の基本的な発想が埋め込まれている**からです。民法のジャングルの中に入り込み，システマティックに学んでいくことは，法律のすべてをマスターしていく近道なのです。

❖誰でもわかる法律の本を

ところが従来の法律の本は，民法にかぎらず専門的すぎてわかりづらいものがほとんどでした。法律はやさしいものではないのだから，読者が努力して理解するものだ，という発想があったことは否定できないと思います。

かなり優秀な法学部の学生や基礎的知識のある社会人などを対象として，筆者が思うままに書き進めるパターンが支配的だったように思われます。

しかし法律をみんなのものにするためには，理解しようとする人なら誰でもわかる本を書いていかなければならないと思います。

　失礼な表現かも知れませんが，**平均以上の高校生が理解できるように書き進めました**。高等学校の公民＝政治経済の授業で平均以上のやる気のある高校生に対して，黒板で説明していくつもりで書いていきました。

　一人でも多くの方がこの本をきっかけに法律に親しみ，判断力を養い，法律を好きになっていただければ，望外の幸せであります。

　自由国民社はできるだけわかりやすい法律の本を，安く提供することに努力を傾けてきた出版社です。自由国民社のこのシリーズが長く愛読されることを願ってやみません。

　平成 30 年 4 月吉日

尾崎哲夫

〈付記〉

　編集担当者として努力を惜しまれなかった自由国民社の竹内尚志編集長に心から御礼を申し上げます。竹内氏の能力と情熱がなければこの本はできなかったことでしょう。

この本の使い方

この本は民法典の「第二編 物権」のうち第七章から第十章までに対応しています。第1時間目から第4時間目までが、それぞれの章の解説となっています。

そしてこの本の第0時間目は「序論」として、一番前に持ってきました。また、第5時間目からは補講として「仮登記担保」「譲渡担保」「所有権留保」を説明しました。

```
┌─ 第一編 総則
│
├─ 第二編 物権
│      ├─ 第一章 総則
│      ├─ 第二章 占有権
│      ├─ 第三章 所有権
│      ├─ 第四章 地上権
│      ├─ 第五章 永小作権
民法 ─┤      ├─ 第六章 地役権
│      ├─ 第七章 留置権  ┐
│      ├─ 第八章 先取特権 │ この本の守備範囲です
│      ├─ 第九章 質権    │
│      └─ 第十章 抵当権  ┘
│
├─ 第三編 債権
├─ 第四編 親族
└─ 第五編 相続
```

それぞれのページの中で出てきた民法典の条文のうち、参照しながら読んでほしいものは、そのページかとなりのページの下の方に、載せてあります。

そして巻末には、物権第7章〜第10章の原条文を掲載しました。

電車の中で、六法を参照できないときにも読めるように工夫しました。

ふりがなもつけてありますので、なるべく条文になじむようにしてください。**なおこの本の内容は、平成30年3月1日までに公布された法改正にもとづいて書かれています。**

記憶すべきまとまったことがらについては、黒板の中に整理しました。試験対策として使えるはずです。

試験対策でなくてもある程度の基本事項を記憶していくことは、さらに勉強を進めるにあたって、重要なことです。

覚えるほうがよいと思われる事項については、黒板のまとまりごとに記憶し、次のステップに対する準備としてください。

巻末に若干の付録をつけました。また、さくいんもつけてあります。それぞれご利用ください。

民法の改正が決まりました

　民法（債権法分野）の改正法が2017年5月26日、国会で成立しました。2020年4月1日から施行される予定です。
　本書（担保物権）の内容に大きな改正はありませんが、市民生活に大きく影響を与えそうな項目を中心に改正概要を御紹介します。

●**意思能力規定の新設**
　「意思能力」の規定が明文化され、意思能力のない者が法律行為をした場合は無効とされます。この規定により、認知症高齢者など判断能力が低下している人が結んだ契約を無効にすることができます。

●**時効期間の統一**
　これまで個別に規定されていた消滅時効の期間が、原則として5年に統一されます。

●**生命・身体の侵害による損害賠償請求権の消滅時効の新設**
　人の生命または身体を害する不法行為による損害賠償請求権については、被害者保護の観点から、「①被害者等が損害及び加害者を知った時から5年」と通常の不法行為（3年）よりも長期の時効期間が設定されています。

●**法定利率の引き下げ、変動制の導入**
　現行5％であるのが、3％に引き下げられます。また、経済変動に対応するため、3年ごとに市場金利を参考に見直しをする条項が追加されています。

●**債権譲渡禁止特約の緩和**
　「債権譲渡禁止特約」を「債権譲渡制限特約」に改め、債権

譲渡制限特約がある場合でも「債権譲渡の効力は妨げられない」と明文化されます。また、従来判例で認められていた将来債権の譲渡についても有効であることが明文で認められます。

●個人保証の制限

第三者の個人が中小企業等の連帯保証人になる場合は公証人との面談を義務づけ公正証書を作成しなければならないとし、個人保証人の保護を拡充しています。

●定型約款の新設

約款の規定を新たに設けています(条文では「定型約款」と命名)。定型約款を契約の内容とする合意をしたとき、及び定型約款を準備した者があらかじめその定型約款を契約内容とする旨を相手方に表示していたときは合意をしたものとみなす「みなし合意」が認められ、また、「相手方の利益を一方的に害する条項」については合意をしなかったものと認められます。

●売買の効力規定の変更

現行売買契約規定の「隠れた瑕疵」が、「種類、品質又は数量に関して契約の内容に適合しない」という表現に改められ、「隠れた」という要件は不要となります。また、従来売買の目的物に瑕疵があった場合は損害賠償請求権、契約解除しか規定されていませんでしたが、改正法ではこれ以外に修補、代替物の引き渡し、不足分の引き渡し等の追完請求や、代金減額請求も認められています。

●賃貸借終了後の原状回復義務

賃貸借契約が終了したとき、賃借物の損傷について故意過失がない場合、通常の使用等によって生じた損耗・経年変化である場合は劣化については賃借人は原状回復義務を負わないことが明文化されています。

もくじ

はじめに ──────────────── 3
この本の使い方 ─────────── 6
民法の改正が決まりました ────── 7

0時間目 序論
「担保物権」って何だろう？ ────── 13
キオークコーナー ▶▶▶0 ────── 22

1時間目 物権第7章
留置権 ──────────────── 23
① ▶留置権の性質 ────────── 24
② ▶留置権の成立要件 ──────── 25
③ ▶留置権の効力と消滅 ─────── 26
キオークコーナー ▶▶▶1 ────── 28

2時間目 物権第8章
先取特権 ─────────────── 29
① ▶先取特権の性質 ───────── 30
② ▶先取特権の種類 ───────── 32
③ ▶先取特権の順位 ───────── 41
④ ▶先取特権の効力 ───────── 43
キオークコーナー ▶▶▶2 ────── 45

3時間目 物権第9章
質権 ──────────────── 47
① ▶質権の性質 ────────── 48
② ▶動産質 ──────────── 51

③ ▶不動産質 ――――――――――――――――――― 56
④ ▶権利質 ―――――――――――――――――――― 58
キオークコーナー▶▶▶3 ――――――――――――― 62

4時間目 物権第10章
抵当権 ――――――――――――――――――――― 65
① ▶抵当権の成立と内容 ―――――――――――――― 66
② ▶抵当権の効力 ――――――――――――――――― 69
③ ▶抵当権の優先弁済的効力 ――――――――――――― 74
④ ▶法定地上権 ―――――――――――――――――― 77
⑤ ▶抵当不動産の第三取得者 ――――――――――――― 81
⑥ ▶抵当権の処分 ――――――――――――――――― 86
⑦ ▶抵当権の消滅 ――――――――――――――――― 93
⑧ ▶共同担保 ――――――――――――――――――― 94
⑨ ▶根抵当 ――――――――――――――――――――― 96
⑩ ▶特別法上の抵当権 ―――――――――――――――― 100
キオークコーナー▶▶▶4 ――――――――――――― 103

5時間目 補講その1
仮登記担保 ――――――――――――――――――― 107
① ▶仮登記担保に入る前に・非典型担保 ――――――――― 108
② ▶仮登記担保とは ―――――――――――――――― 111
③ ▶仮登記担保権の実行 ―――――――――――――― 113
キオークコーナー▶▶▶5 ――――――――――――― 115

6時間目 補講その2
譲渡担保 ――――――――――――――――――――― 117
① ▶譲渡担保の性質 ―――――――――――――――― 118
② ▶譲渡担保の設定と実行 ――――――――――――― 119
キオークコーナー▶▶▶6 ――――――――――――― 121

7時間目 補講その3

所有権留保 ———————————————— 123
キオークコーナー ▶▶▶7 ———————————— 126

巻末付録 ———————————————————— 127
本書関連の法律条文一覧 ———————————— 135
さくいん ———————————————————— 152

ブックデザイン——中山銀士　本文カット——すがわらけいこ

0時間目 序論
「担保物権」って何だろう？

▶六法

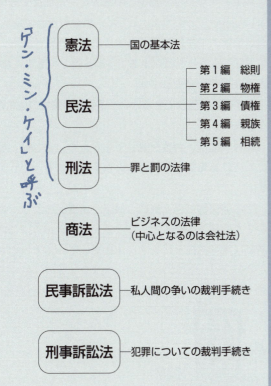

「ゲン・ミン・ケイ」と呼ぶ

- 憲法 ── 国の基本法
- 民法
  - 第1編 総則
  - 第2編 物権
  - 第3編 債権
  - 第4編 親族
  - 第5編 相続
- 刑法 ── 罪と罰の法律
- 商法 ── ビジネスの法律（中心となるのは会社法）
- 民事訴訟法 ── 私人間の争いの裁判手続き
- 刑事訴訟法 ── 犯罪についての裁判手続き

1 担保とは

日常生活でも,「担保をとった」などと会話しています。

法律を勉強し始めると,法律用語が難解なため,とまどうことがあります。法律用語をかみ砕いて消化することは,法律理解の第一歩です。　*法律用語に無理な訳語が多いのも一因でしょう*

「担保は保証を担う」という意味です。

資本主義社会はお金中心の社会で,生活をするにも事業を営むにもお金が必要です。そして,自分の資金で足りないときは,お金を他人や銀行に借ります。貸す方からすると,利息をつけて返してもらえればプラスですが,返してもらえない場合には,大きな損害が発生します。

必ず貸金が回収できるという確実性＝債権の強化が必要になってきます。

担保物権は,お金を返してもらえないときに,担保になっているものを売却して,そのお金で回収するという働きを持ちます。

逆に担保物という債権の保証があるからこそ,お金を必要とする人は借りられることになるわけですから,この担保という制度は借りるほうにもプラスに働いているといえます。

●2● 人的担保と物的担保

人的担保は，債務者以外の人に債務の責任を負わせ，その人から返済を受けるという担保です。

保証人がいい例ですね

物的担保というのは，貸金を返してもらえない場合に，債権者が担保物を売却し，お金を回収するという方法です。

●3● 担保物権の分類

まず，**制限物権型担保物権**と，**所有権移転型担保物権**に分けられます。**制限物権型担保物権は，留置権・先取特権・質権・抵当権**の4つです。

所有権が制限を受けるので，制限物権型担保物権と呼びます。

私が100万円の借金をするときに，自宅に抵当権を設定すると，私の自宅に対する所有権は，その分制限を受けるわけです。

所有権移転型担保物権には，買い戻しや再売買予約があります。

債務者が自分の所有権を債権者に移転し，債務弁済後に所有権を自分に復帰させるパターンです。

また，**約定担保物権**と**法定担保物権**にも分けることができます。

約定担保物権は，当事者間の設定行為＝契約で定めるもので，質権と抵当権がこれにあたります。

法定担保物権は法律上当然に発生する担保物権で，留置権と先取特権がこれにあたります。

●4●
担保物権の種類

まず，民法上4つの担保物権が存在します。

①留置権
②先取特権
③質権
④抵当権

次に，慣習上の担保物権として主に以下のようなものがあります。

①仮登記担保
②譲渡担保(じょうとたんぽ)
③所有権留保

●5●
担保物権を理解するために

さて，ここで担保物権を理解するために重要な基本説明をします。

担保物権特有の法律用語についても説明しましょう。

抵当権を例に挙げて説明しましょう。

私が銀行から100万円借りて自宅を抵当に入れたケースを考えます (P18 [図-1] 参照)。

銀行が100万円の金銭債権の**債権者**です。**抵当権者**でもあります。

債権者＝抵当権者なのです

私は100万円の金銭債務の**債務者**です。**抵当権設定者**でもあるのです。

債務者＝抵当権設定者 なのです

ただ，私に抵当に入れる家がなく，兄が見かねて自分の家を提供してくれたとします (P19 [図-2] 参照)。

兄は**物上保証人**（ぶつじょうほしょうにん）と呼ばれます。この場合，兄が抵当権設定者です。

抵当権者＝債権者
抵当権設定者＝債務者か物上保証人

さて，抵当に入る不動産などを，**抵当権の目的(物)＝抵当権の対象＝抵当不動産**などと呼びます。担保物とも言います。

上の例で，銀行の私に対する100万円の金銭債権を，**被担保債権**（ひたんぽさいけん）と呼びます。

被は被害者の被で，受け身を表しますので，担保されている債権ということです。

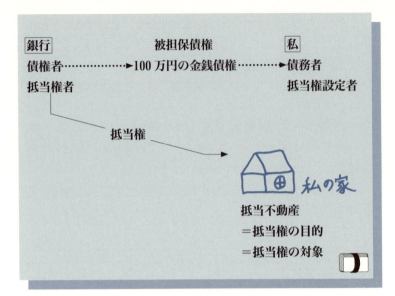

[図-1]

　債務者＝抵当権設定者が原則です。

　上図の場合，私が借金をしている債務者であり，抵当権設定者でもあります。

　　　　　　　　　　銀行は，お金を貸した債権者であり，その債権を確保するために抵当権という権利を獲得しました。

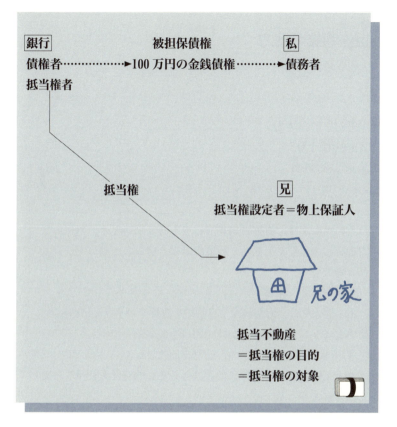

[図-2]

　左側の図とくらべると，上の図では債務者と抵当権設定者が別です。

●6● 担保物権の効力

担保物権には次の効力があります。

①**優先弁済的効力**
②**留置的効力**
③**収益的効力**

上の黒板①は，債権者が弁済してもらえないとき，担保の目的物をお金に変えて他の一般債権者より優先して弁済を受けられる効力です。

先取特権・質権・抵当権に認められる効力です

上の黒板②は，担保物権の目的物を債権者の手元に留め置き，債務者にプレッシャーをかけて弁済を促す効力です。

その間，債務者は担保の目的物を使えません。

たとえば，時計を質屋に預けると，その間時計を使用することはできませんね。

上の黒板③は，**不動産質**では担保として取っている不動産を貸して家賃を取り，それを弁済に充てる効力です。

●7● 担保物権の性質

担保物権には，まず，**附従性**があります。

担保物権が成立するには，債権の成立が必要で，債権が消滅すれば担保物権も消滅するというものです。

次に，**随伴性**があります。

債権が移転すれば担保物権も原則として移転します。

最後に，**不可分性**があります。

債権の全額の弁済を受けるまで，担保の目的物全部を確保することができます。

また，抵当権・質権・先取特権には物上代位性があります。

抵当権の対象である建物が火事で消失した場合を考えてみましょう。

抵当権の対象がなくなれば，抵当権は消滅するのが原則です。

しかし，その建物が火災保険に入っていた場合，抵当権はその火災保険の上に存続を続けます。これを物上代位性と呼んでいます。

担保物権の性質
① **附従性**
② **随伴性**
③ **不可分性**
④ **物上代位性**（留置権にはない）

キオークコーナー 0 時間目

[用語チェック]

- □ 担保物権には、制限物権型と〔①〕の2種類がある。 ①所有権移転型
- □ 制限物権型担保物権には留置権・〔②〕・〔③〕・〔④〕の4つがある。 ②先取特権 ③質権 ④抵当権
- □ また、約定担保物権と〔⑤〕担保物権にも分けられる。 ⑤法定
- □ 約定担保物権は質権と〔⑥〕である。 ⑥抵当権
- □ 慣習上の担保物権には所有権留保・仮登記担保・〔⑦〕がある。 ⑦譲渡担保
- □ 抵当権者は〔⑧〕であり、抵当権設定者は債務者か〔⑨〕である。 ⑧債権者 ⑨物上保証人
- □ 債権が移転すれば、担保物権も原則として移転することを担保物権の〔⑩〕という。 ⑩随伴性
- □ 債権の全額の弁済を受けるまで、担保の目的物全部を確保する担保物権の性質を〔⑪〕という。 ⑪不可分性
- □ 担保物権成立には債権の成立が必要だが、この担保物権の成立の必要性を〔⑫〕という。 ⑫附従性
- □ 担保物権が消滅すると債権は〔⑬〕。 ⑬消滅する
- □ 担保物権の効力としては、優先弁済的効力・〔⑭〕・〔⑮〕がある。 ⑭留置的効力 ⑮収益的効力
- □ 優先弁済的効力というのは、担保の目的物をお金に変えて他の債権者より優先して弁済を受けられる効力のことだが、これが認められているのは、〔⑯〕・〔⑰〕・〔⑱〕の3つである。 ⑯先取特権 ⑰質権 ⑱抵当権

1時間目 民法物権第7章 留置権

▶ここで学ぶこと

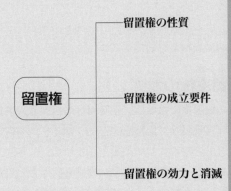

留置権 ─ 留置権の性質

留置権の成立要件

留置権の効力と消滅

❶ 留置権の性質

● 1 ●
留置権とは

　留置権とは、ある物について生じた債権を持つ債権者が、弁済を受けるまでその物を手元に**留め置くことのできる権利**です。

　たとえば、時計屋さんは修理を頼まれた時計を修理費をもらうまで引き渡すことを拒否できます。代金をもらえないのに時計を修理して渡さなければならないのでは不公平になりますね。

　留置という言葉は、手元に留め置くこと＝占有を継続することです。

　上の時計屋さんの時計返却と修理費回収の例のイメージを、頭に入れておいて下さい。

● 2 ●
留置権の性質

　留置権の性質は、同時履行の抗弁権の性質と似ています。

　同時履行の抗弁権は、双務契約＝二人の間の契約での債権で、取引の相手にしか主張できません。しかし、留置権は、誰に対してでも主張できます。物権の一つとして対世的効力があります。いずれにしても留置権と同時履行の抗弁権は重なる場合がよくあります。その場合はどちらも主張することができます。

　また、留置権は、もともと債権の担保を目的としています。

　ですから、債権の発生に関して発生し、債権の消滅によって消えてゆきます。

❷ 留置権の成立要件

●1●
債権と目的物の牽連性

「ひきつづくこと」や「連なって続くこと」といった意味です

　この問題では、2つのケースが考えられます。

　1つは、債権が物自体から発生した場合です。

　物の瑕疵（＝きず）による損害賠償請求権や、その物の保存などのために使った費用償還請求権などの債権が留置権の対象である債権である場合です。

　もう1つは、債権が物の返還義務と同一の関係から発生する場合です。時計屋さんの例が典型です。

●2●
その他の成立要件

①債権が弁済期にあること（295条1項）
②他人の物を占有すること
　債務者の物ではなくて、第三者の物でもOK
③占有が不法行為によって始まったものでないこと

　上の黒板②は、たとえば、兄から時計を借りていた私が時計を壊して修理に出した場合、時計屋さんは、兄に対して留置権を主張できるということです。

295条〔留置権の内容〕①他人の物の占有者は、その物に関して生じた債権を有するときは、その債権の弁済を受けるまで、その物を留置することができる。ただし、その債権が弁済期にないときは、この限りでない。

❸▶留置権の効力と消滅

●1●
留置権の効力

　留置権の主な効力は，債権の弁済を受けるまで目的物を留置できることです。

　留置というのは、手元に留め置くことで、占有を継続することでしたね

　留置物の譲り受け人に対しても，留置権を主張することができます。

　たとえば，私はカメラを修理に出しました。修理代は3000円だと言われました。

　翌日，学生にカメラを売る契約をし，その場で10000円をもらいました。学生は，カメラ屋さんに修理代3000円を払わなければカメラをもらうことはできないのです。

　留置権者は，留置物から生じる果実を収取し，他の債権者に先だって自分の債権の弁済に充てることができます(297条1項)。留置権に優先弁済権はありませんが，事実上あるのと同じ結果になります。

　また，留置物についてかかった費用を請求できます。

297条〔留置権者による果実の収取〕①留置権者は，留置物から生ずる果実を収取し，他の債権者に先立って，これを自己の債権の弁済に充当することができる。

●2● 留置権の消滅

もちろん，担保物権に共通する一般的消滅事由で消滅します。

<u>事由=事柄</u>　　　　たとえば被担保債権の弁済など

留置権者が保管義務に違反するなど，義務違反を行ったときは，債務者や所有者は留置権消滅を請求することができます(298条3項)。

債務者は，相当の担保を提供して留置権消滅を請求できます。この場合，留置権者の同意が必要です(301条)。

<u>この相当の担保を提供することを代担保といいます</u>
<u>担保の代わりですね</u>

占有が留置権の成立要件なので，占有を失うと留置権は消滅してしまいます。

ただし，賃貸や質入れによって間接占有になった場合には占有の喪失ではありません。また，たとえ占有を奪われても，占有回収の訴えを起こして占有状態を擬制すれば占有の喪失になりません。

298条〔留置権者による留置物の保管等〕③留置権者が前二項の規定に違反したときは，債務者は，留置権の消滅を請求することができる。
301条〔担保の供与による留置権の消滅〕債務者は，相当の担保を供して，留置権の消滅を請求することができる。

キオークコーナー 1時間目

[用語チェック]

1 (留置権の性質)
- 留置権とは，ある物について生じた債権を持つ債権者が，〔①〕を受けるまで，その物を手元に留め置くことのできる権利である。 ①弁済
- 留置権の抗弁権は誰にでも〔②〕できる。 ②主張

2 (留置権の成立要件)
- 〔③〕が留置権の存続要件なので，留置権者が〔③〕を失うと留置権は消滅する。 ③占有
- 留置権が成立するための要件としては，債権と目的物の〔④〕があげられる。この〔④〕には保存による費用償還請求権など債権が〔⑤〕自体から発生した場合と，債権が物の返還義務と〔⑥〕の関係から発生する場合がある。その他の要件としては，債権が〔⑦〕にあること，他人の物を〔⑧〕すること，が挙げられる。他人の物の〔⑧〕とは〔⑨〕の物でもよい。 ④牽連性 ⑤物 ⑥同一 ⑦弁済期 ⑧占有 ⑨第三者

3 (留置権の効力と消滅)
- 留置権者に対しては，債務者は相当の〔⑩〕を提供して〔⑪〕を請求できる。この相当の〔⑩〕を〔⑫〕という。 ⑩担保 ⑪留置権消滅 ⑫代担保
- この時，〔⑬〕の同意が必要となる。 ⑬留置権者
- 〔⑬〕は留置物から生じる〔⑭〕を取得し，自分の債権に対して〔⑮〕できる。 ⑭果実 ⑮優先弁済
- また留置権についてかかった〔⑯〕を請求できる。 ⑯費用

2時間目
物権第8章
先取特権

▶ここで学ぶこと

先取特権 ── 性質／種類／順位／効力

❶▶ 先取特権の性質

●1●
先取特権とは

　先取特権は法律が定める特別な債権を持つ者が，債務者の財産から優先して弁済を受ける権利です。優先的に先に取る特権なのです。

　債務者に対して3人の債権者がいたとします。債権者は平等のはずですね。**本来なら、「債権者平等の原則」より、債権者は債務者の総財産から平等に弁済をうけるはずです。しかし、何らかの特別な理由で優先されているのがこの先取特権の法制度なのです。**

　例を見ましょう。

　私が会社で働いていたとします。景気が傾き倒産しました。

　直前の3か月は給料が出ませんでした。

　ところで，会社は銀行に10億円の借金をしていました。

　銀行は会社に対して，10億円の債権者です。

　私は会社に対して，3か月分の給料の債権者です。

　債権者平等の原則を貫いてしまうと，私の給料はほとんど返ってこない可能性があります。そこで，民法は給料については＝会社に対する給料債権については他の債権者に優先することにしました。

給料債権 ＞ 一般の債権

　繰り返し言うと，**先取特権は債権者平等の原則を破って，他の債権者より強く保護する必要があると認めた特別な権利**なのです。

特に保護する理由があって，優先特権を与えられた債権なのです。

強く保護する理由には，社会政策的なもの・公平の見地・当事者の意思の推測，などです。意思の推測，というのはこういう場合には債権者と債務者間に「あなたが優先だよ」という暗黙の了解が推定できるということです。

●2●
先取特権の性質

先取特権は債権の発生によって発生し，債権の消滅によって消滅するので附従性があります。債権金額全部の弁済を受けるまで目的物全部を支配できるので不可分性があります。

先取特権には**物上代位性**（ぶつじょうだいいせい）という性格もあります。

これは抵当権のところででてきますが，ここで簡単に説明しておきます。

難しく定義すると，**担保物権の目的物が売却・滅失・破損などによって形を変えてしまったとき，担保物権がその形を変えた請求権の上に効力を及ぼすこと**です。

例をあげましょう。

抵当権の目的物である別荘が燃えてしまいました。

債権者は，お金を払ってもらえないときのために別荘を当てにしていたのです。

ところで，別荘に火災保険がかかっていました。別荘を当てにしていた債権者は，債務者の保険会社に対する火災損害請求権に効力を及ぼします。火災保険請求権に代位するわけです。

先取特権にはこの物上代位性があります。

なお，物上代位権を行使するには差押えが必要です。

❷ ▶ 物権の種類

●1●
先取特権の類型

先取特権の類型は3つです。

---

①一般の先取特権

　　債務者の総財産を目的とする

②特別の先取特権＝動産の先取特権

　　債務者の特定の動産を目的とする

③特別の先取特権＝不動産の先取特権

　　債務者の特定の不動産を目的とする

3つの違いは目的物の違いですが、その違いは第三者への効力の違いに反映されるのでまとめておきます。

①一般の先取特権は、一般財産に属する個別財産が第三者に譲渡されれば当然追求できません。

②動産の先取特権は、目的物が第三者に引渡されると追求できません (333条)。

③不動産の先取特権は、登記によって第三者に対しても追求できます。

32

●2● 一般の先取特権

一般の先取特権は，債務者の総財産を目的とします。

総財産を目的とするということは，債務者の全部の財産を当てにできるということです。特に強く保護されるべき債権なので，債権の力を強めたわけです。

逆にそれだけ限定される必要もあります。

❖共益費用の先取特権（306条1号・307条1項）

債務者の財産の保存・清算・配当の費用を出した債権者は，これらの費用につき先取特権を持ちます。

これらの費用は，債務者の財産にとって有益なことです。全債権者の共同の利益になるのです。ですから，法律で特に優先し保護したのです。

> 債務者の財産の価値が失われないように複数の債権者の共同の利益のために必要となった経費

具体的には，法人清算の費用や，債権者代位権・債権者取消権の行使費用などです。

306条〔一般の先取特権〕次に掲げる原因によって生じた債権を有する者は，債務者の総財産について先取特権を有する。
1．共益の費用　2．雇用関係　3．葬式の費用　4．日用品の供給
307条〔共益費用の先取特権〕①共益の費用の先取特権は，各債権者の共同の利益のためにされた債務者の財産の保存，清算又は配当に関する費用について存在する。

❖雇用関係から生じた債権の先取特権（306条2号・308条）

勤労者の給料などは，生活保護の観点から当然優先されるべきです。

社会政策上，労働者の給料などに特権を与えたものです。

❖葬式費用の先取特権（309条1項）

葬式費用を出した葬儀屋は，この費用につき先取特権を持ちます。

貧しい一家の父親が死んだとします。その一家は数百万円の借金がありました。しかし手元に30万円の現金がありました。

何とか30万円でお葬式をしたいと思いました。

葬儀屋としては，式を行いたいのはやまやまですが，数百万円の借金をしている一家が葬式費用を払えない可能性があるのでは，やはりしり込みします。

しかし，先取特権があるので他の債権者に優先して30万円をもらえるとするなら，安心して仕事ができます。

気の毒に思って20万円におまけしてやろうと思うかも知れません。

どんなに貧しい家族にも，死者の経済状態相応の葬式だけは執り行わせるべきだという社会政策上の見地です。

308条〔雇用関係の先取特権〕雇用関係の先取特権は，給料その他債務者と使用人との間の雇用関係に基づいて生じた債権について存在する。
309条〔葬式費用の先取特権〕①葬式の費用の先取特権は，債務者のためにされた葬式の費用のうち相当な額について存在する。
310条〔日用品供給の先取特権〕日用品の供給の先取特権は，債務者又はその扶養すべき同居の親族及びその家事使用人の生活に必要な最後の六箇月間の飲食料品，燃料及び電気の供給について存在する。

❖日用品供給の先取特権（306条4号・310条）

債務者の同居の親族の生活費を出した人は，6ケ月間分だけその費用について先取特権を持ちます。

貧しい人にも日用品を買うことができるようにさせる社会政策上的見地です。

●3● 動産の先取特権

動産の先取特権は，目的である動産と特別な関係にある債権について一般的債権者に優先します。優先して弁済を受けます

❖不動産賃貸の先取特権（311条1号・312条）

不動産の賃貸借から生じた賃借人の債務につき，賃借人の動産の上に生じます。

原則として，被担保債権の範囲は賃貸借関係から生じた全ての債権です。

すなわち，次の4点を含みます。
①借地上に備えつけた動産
②借地利用のために使っている借地外に備えつけた動産
③借地の利用に供した動産
④借地人が占有する借地の果実

311条〔動産の先取特権〕次に掲げる原因によって生じた債権を有する者は，債務者の特定の動産について先取特権を有する。
1．不動産の賃貸借　2．旅館の宿泊　3．旅客又は荷物の運輸　4．動産の保存　5．動産の売買　6．種苗又は肥料（蚕種又は蚕の飼養に供した桑葉を含む。）の供給　7．農業の労務　8．工業の労務
312条〔不動産賃貸の先取特権〕不動産の賃貸の先取特権は，その不動産の賃料その他の賃貸借関係から生じた賃借人の債務に関し，賃借人の動産について存在する。

❖旅館宿泊の先取特権（311条2号・317条）

　旅行者の宿泊料と飲食代につき，その旅館にある旅行者の手荷物の上に存在します。

　旅行者が宿泊料を払わないとき，旅行者が持っているカメラなどは「宿泊料が払えないならカメラを置いていけ」という形で，暗黙のうちに宿代などの債務の担保になっているというわけです。

　旅館経営者と旅行者の意思の推測というわけです。

❖運輸の先取特権（311条3号・318条）

　旅行客の交通費と荷物の運送費などにつき，運送人の手元にある旅行者の荷物の上に存在します。

　これも「交通費が払えないならカメラはもらうよ」という形で，カメラなどの荷物が料金を担保しているというわけです。

　当事者の意思の推測です。

317条〔旅館宿泊の先取特権〕旅館の宿泊の先取特権は，宿泊客が負担すべき宿泊料及び飲食料に関し，その旅館に在るその宿泊客の手荷物について存在する。
318条〔運輸の先取特権〕運輸の先取特権は，旅客又は荷物の運送賃及び付随の費用に関し，運送人の占有する荷物について存在する。

❖動産保存の先取特権（311条4号・320条）

動産の保存費と動産の権利を保存・追認・実行した費用につき，その動産の上に存在します。公平の観念から定められています。

「動産の保存費」とは、たとえば"修理代"などです
「追認」とは、後から承く認することです

❖動産売買の先取特権（311条5号・321条）

動産を売った場合の売買の代金・利息につき，その動産の上に存在します。

やはり公平の観念から定められたものです。

320条〔動産保存の先取特権〕動産の保存の先取特権は，動産の保存のために要した費用又は動産に関する権利の保存，承認若しくは実行のために要した費用に関し，その動産について存在する。
321条〔動産売買の先取特権〕動産の売買の先取特権は，動産の代価及びその利息に関し，その動産について存在する。
322条〔種苗又は肥料の供給の先取特権〕種苗又は肥料の供給の先取特権は，種苗又は肥料の代価及びその利息に関し，その種苗又は肥料を用いた後一年以内にこれを用いた土地から生じた果実（蚕種又は蚕の飼養に供した桑葉の使用によって生じた物を含む。）について存在する。

❖種苗・肥料供給の先取特権（311条6号・322条）

　種苗・肥料の代金・利息につき，その種苗・肥料を使った土地から生じた果実の上に存在します。公平の観念と農業発展という政策的見地から決められました。

（手書き）果実とは収穫物のことで果物のことではありません

❖農工業労役の先取特権（311条7号・323条，311条8号・324条）

　農業の労役者について最後の1年間，工業の労役者について最後の3か月間の賃金につき，その労役によって生じた果実・製作物の上に存在します。

　言うまでもなく勤労者の保護が目的です。

（手書き）労働者

323条〔農業労務の先取特権〕農業の労務の先取特権は，その労務に従事する者の最後の一年間の賃金に関し，その労務によって生じた果実について存在する。
324条〔工業労務の先取特権〕工業の労務の先取特権は，その労務に従事する者の最後の三箇月間の賃金に関し，その労務によって生じた製作物について存在する。

●4● 不動産の先取特権

　不動産の先取特権は，目的である不動産と特別な関係にある債権について一般債権者に優先するものです。

　不動産の先取特権は，登記を要求するので公示の原則に従っているように見えます。

　しかし，不動産保存・不動産工事の2つの先取特権は，すでに登記してある抵当権に優先するので<u>公示の原則</u>の重大な例外になっています。　物権変動があった場合にその変動が外部からわかるように外形を伴う必要があるという原則

❖不動産保存の先取特権（325条1号・326条）

　不動産の保存費と不動産の権利を保存・追認・実行した費用につき，その不動産の上に存在します。

　公平の観念から定められています。

325条〔不動産の先取特権〕次に掲げる原因によって生じた債権を有する者は，債務者の特定の不動産について先取特権を有する。
1．不動産の保存　2．不動産の工事　3．不動産の売買
326条〔不動産保存の先取特権〕不動産の保存の先取特権は，不動産の保存のために要した費用又は不動産に関する権利の保存，承認若しくは実行のために要した費用に関し，その不動産について存在する。

❖不動産工事の先取特権（325条2号・327条） ─ 請負代金という

不動産の工事をした人は，その費用につき先取特権をその不動産の上に獲得します。

公平の観念からです。

❖不動産売買の先取特権（325条3号・328条）

不動産の代金・利息につきその不動産の上に存在します。

やはり公平の観念からのものです。

● 5 ●
特別法上の先取特権

民法以外にも特別法上いくつかの先取特権があります。

税金については，納税者の総財産につき先取特権があります。

まず，税金を確保しようというのです。

借地権を設定した土地の所有者は，弁済期の到来した最後の2年間の地代について，借地権者が借地上に持つ建物に先取特権を有しています（借地借家法12条）。

327条〔不動産工事の先取特権〕不動産の工事の先取特権は，工事の設計，施工又は監理をする者が債務者の不動産に関してした工事の費用に関し，その不動産について存在する。
②前項の先取特権は，工事によって生じた不動産の価格の増加が現存する場合に限り，その増価額についてのみ存在する。
328条〔不動産売買の先取特権〕不動産の売買の先取特権は，不動産の代価及びその利息に関し，その不動産について存在する。

❸ 先取特権の順位

●1●
先取特権の順位

1つの財産に複数の先取特権が成立することがあります。

民法上の一般原則によると，先に対抗要件を持った物権が優先するはずですが，各先取特権の債権を保護した理由の強さによって特別に優先順位を法律で定めています。

一般の先取特権には4種類ありました。

優先順位は共益費用・雇用関係・葬式費用・日用品供給の順番です。

一般の先取特権より特別の先取特権が優先します。

しかし，共益費用の先取特権だけは最優先になります。

動産の先取特権では，1番から3番まで順位があります。

動産の先取特権の順位
第1順位　不動産賃貸・旅館宿泊・運輸の先取特権
第2順位　動産保存の先取特権
第3順位　動産売買・種苗肥料供給・農工業労務の先取特権

この動産の先取特権の順位は，まず当事者の意思の推測を優先させ，その後公平の観念の強さで決めています。

なお，同一の目的物につき同一順位の先取特権が競合(きょうごう)する場合は，各先取特権者は，その被担保債権額の割合に応じて弁済を受けます (332条)。

●2● 先取特権と他の担保物権との関係

動産先取特権と動産質権が競合する場合は，動産質権は動産先取特権の第一順位のものと並びます (334条)。

不動産先取特権と抵当権・不動産質権が競合する場合には，次の通りです。

不動産保存の先取特権や不動産工事の先取特権は常に抵当権・不動産質権に優先します。不動産売買の先取特権と抵当権・不動産質権については，一般原則＝登記の早い者勝ちです。不動産上の一般の先取特権は，抵当権・不動産質権に登記がない場合には，優先します。

両方登記があるときは，登記の早い者勝ちです。

332条〔同一順位の先取特権〕同一の目的物について同一順位の先取特権者が数人あるときは，各先取特権者は，その債権額の割合に応じて弁済を受ける。
334条〔先取特権と動産質権との競合〕先取特権と動産質権とが競合する場合には，動産質権者は，第三百三十条の規定による第一順位の先取特権者と同一の権利を有する。

❹▶先取特権の効力

●1●
一般の先取特権の特別効力

　一般の先取特権は債務者の総財産を目的＝対象にしていますので，他の債権者に与える影響は少なくありません。

　一般の先取特権者は，債務者の不動産以外の財産から弁済を受けます。それでも足りないときに不動産から弁済を受けるのです (335条1項)。

　不動産についても，まず特別担保の目的＝対象になっていない物から弁済を受けます (335条2項)。

　一般先取特権は，登記がなくても対抗できます (336条)。現実問題として，先取特権者が登記をするのは稀ですし，一般先取特権の価格が少ないので，このように決められているのです。

335条〔一般の先取特権の効力〕一般の先取特権者は，まず不動産以外の財産から弁済を受け，なお不足があるのでなければ，不動産から弁済を受けることができない。
②一般の先取特権者は，不動産については，まず特別担保の目的とされていないものから弁済を受けなければならない。
336条〔一般の先取特権の対抗力〕一般の先取特権は，不動産について登記をしなくても，特別担保を有しない債権者に対抗することができる。ただし，登記をした第三者に対しては，この限りでない。

●2● 不動産の先取特権の特別効力

　不動産保存の先取特権は，保存行為完了後，すぐに登記をすることによって効力を保存できます。公示手続

　不動産工事の先取特権は，あらかじめ予算額を登記して保存します。

　不動産売買の先取特権は，代金・利息が弁済されていないことを登記して効力を保存します。

●3● 先取特権の消滅

　先取特権は，次の①から③の物権共通の消滅原因によって消滅します。

　①目的物がなくなってしまった場合
　②消滅時効が完成した場合
　③放棄した場合

　また，特に動産先取特権については，目的物が第三者に売買などで引き渡された場合にも消滅します (333条)。

　不動産先取特権は，抵当権の規定が準用される結果，代価弁済や抵当権消滅請求によって消滅します。不動産の先取特権は目的物が第三者に引き渡されると消滅します。

キオークコーナー 2時間目

[用語チェック]

1 (先取特権の性質)

① 債権者平等
☐ 先取特権は,〔①〕の原則を破って,他の債権より強く保護する必要があると認めた,特別な債権である。

② 附従性
☐ 先取特権は債権の発生によって発生し,債権の消滅によって消滅するという〔②〕の性質を持つ。その他の性質としては,債権金額全部の弁済を受けるまで目的物全部を支配できる〔③〕や〔④〕がある。

③ 不可分性
④ 物上代位性
☐ 担保物権の目的物が売却・滅失・破損などで,姿を変えた場合に,担保物権がその姿を変えた請求権の上に効力を及ぼす性質を

⑤ 物上代位性
〔⑤〕という。

2 (先取特権の種類)

⑥ 一般の先取特権
☐ 先取特権を3つの大きな類型に分けると〔⑥〕・〔⑦〕・〔⑧〕である。

⑦ 動産の先取特権
⑧ 不動産の先取特権
☐ 強く保護する理由には,〔⑨〕・〔⑩〕・〔⑪〕がある。

⑨ 社会政策
⑩ 公平の見地
☐ 債務者の同居の親族の生活費を出した人は,〔⑫〕か月分の費用について先取特権を持つ。

⑪ 当事者の意思の推測
⑫ 6
☐ 一般先取特権は〔⑬〕がなくても対抗できる。

⑬ 登記
⑭ 宿泊料
☐ 旅行者の〔⑭〕と飲食代につき,その旅館にある〔⑮〕の上に存在するのが旅館宿泊の先取特権である。

⑮ 手荷物

- □ 不動産の工事をした人は，〔⑯〕につき，先取特権をその不動産の上に獲得する。

⑯請負代金

3 (先取特権の順位)
- □ 動産先取特権と動産質権が競合するとき，動産質権は動産先取特権の第〔⑰〕順位の者と並ぶ。
- □ 一般の先取特権は〔⑱〕・〔⑲〕・〔⑳〕・〔㉑〕である。
- □ 一般の先取特権より〔㉒〕が優先する。ただし，〔㉓〕だけは最優先である。
- □ 4種類の一般先取特権の優先順位は〔㉔〕・〔㉕〕・〔㉖〕・〔㉗〕である。

⑰ 1
⑱共益費用
⑲労働者給料
⑳葬式費用
㉑日用品供給
㉒特別の先取特権
㉓共益費用の先取特権
㉔共益費用
㉕雇用関係
㉖葬式費用
㉗日用品供給

3時間目
物権第9章
質権

▶ここで学ぶこと

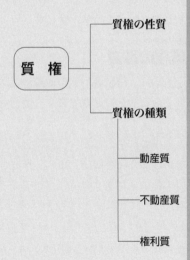

❶ 質権の性質

●1● 質権とは

　質権というより質屋さんという言葉の方が，馴染みがあるかも知れません。

　最近は少なくなりましたが，昔はお金がなくなると時計などを持ち込んで，いくばくかのお金を借りたものです。

　たとえば、カメラを質屋さんに持って行って，「このカメラなら3000円お貸しします」といわれて3000円受け取り、借りたお金を返しに行くと，カメラを返却してくれたのです。

　質屋は，今ではサラ金に押されているようです。

●2● 質権の性質

　質権は，債権者がその債権の担保として，債務者か物上保証人から質物を受け取ります。債務者や物上保証人を質権設定者と呼びます。<u>質権者＝債権者です</u>

　債権者はその質物＝目的物を留置し，債務者にプレッシャーをかけて弁済を促進します。弁済がなければ，その目的物について他の債権者に優先して弁済を受けることができます(342条)。<u>質物＝たとえばカメラや時計など</u>

342条〔質権の内容〕質権者は，その債権の担保として債務者又は第三者から受け取った物を占有し，かつ，その物について他の債権者に先立って自己の債権の弁済を受ける権利を有する。

質権設定者＝債務者か物上保証人から目的物の占有を奪うことは，公示的機能にもなっています。

　お金がないとき，カメラや時計などを債権者に渡し，お金を貸してもらいます。お金を返せば，カメラや時計を返してもらえます。支払期日に弁済しないと債権者は預かっている目的物を競売したり，その所有権を取得したりして，他の債権者に優先して債権を回収します。

　質権は被担保債権を前提として成立し，被担保債権が消滅すれば質権も消滅するので附従性があります。

　被担保債権が移転すると，質権も移転するので随伴性があります。

　質権は被担保債権が完全に弁済されるまで効力を保つので，不可分性があります。

　質権は目的物が破損されたときの損害賠償請求権などに効力が及ぶので，物上代位性があります。

●3● 質権と抵当権

　質権も抵当権も約定担保物権です。

　この2つの担保物権の差を理解すると，2つの担保物権がよりよく理解できます。

　質権では，担保の目的物を債権者に移転してしまいます。

　抵当権では，担保の目的物は債務者のもとに存続し続けます。

担保の目的物占有を移転してしまう点では，質権の方が強いといえます。反面仕入れされた時計は，債権者の手元の中で，眠ってしまいます。誰も使えないので価値が眠り込むのです。

その意味では社会的には損害です。

占有を移転して債権者が留置するので登記制度が不要になる結果，抵当権の目的＝対象になりえない細かな財産も，質権の担保の目的＝対象にすることができます。

庶民金融の円滑化にプラス

●4● 質権の種類

①目的物による分類
動産質・不動産質・権利質
②適用される法律を基準にした分類
民事質・商事質・質屋営業などの質権・公益質屋の質権

抵当権の目的物＝対象が原則として不動産であるのに対し，質権の目的物には動産や権利も含まれます。

質権の目的物になる権利の中でも，債権が含まれることが特徴的です。

❷ ▶ 動産質

●1●
動産質とは

　動産質とは，毛皮や時計などの動産などを目的＝対象にする質権です。

　抵当権の担保物＝担保の目的物＝担保の対象になり得ない，細かな動産を担保物にできます。

●2●
動産質の設定

　動産を留置してお金を貸す債権者と，動産を引き渡してお金を借りる設定者の契約です。この質権設定者は普通債務者ですが、物上保証人の場合もあります。

　物上保証人というのは，債務者が困っているのを見かねて財物を提供する人です。

　物上保証人については，保証人に関する規定が準用されます（351条）。

　物上保証人は，提供した目的物＝質物にだけ責任を負います。

　その目的物が競売（けいばい）などによって所有権を失った場合，債務者に対して求償することができます。

> 「求償権」といいます
> 弁償を請求することです

351条〔物上保証人の求償権〕他人の債務を担保するため質権を設定した者は，その債務を弁済し，又は質権の実行によって質物の所有権を失ったときは，保証債務に関する規定に従い，債務者に対して求償権を有する。

```
           債権
債権者・・・・・・・・・・・・・・・・・・▶質権設定者＝債務者か物上保証人
質権の目的物
              ＝ 質物
担保の目的物
```

質権設定契約は要物契約です。

つまり，質物の引渡しが効力発生要件です（344条）。

占有の移転 質権の目的物＝質物は、譲渡可能のものであればOKです

●3● 被担保債権

質権の被担保債権（ひたんぽさいけん）というのは，質物によって担保されている債権のことです。

被担保債権は，金銭で評価できるものならOKです。

質権も被担保債権の存在を前提とするという意味では附従性がありますが，条件や期限がついている債権でもOKです。

また，継続的な取引関係から将来発生する不特定の債権のためにも質権を設定することができます。毎日の取引の中で連日債権・債務が発生する場合，その債務をカバーするものとして質権を設定するのです。このような質権を根質と呼びます。

「根質」とは、継続的な取引から生ずる不確定な債権を担保する目的でなされる質のことです
 たとえば、銀行と商人との間で設定されたりします

344条〔質権の設定〕質権の設定は，債権者にその目的物を引き渡すことによって，その効力を生ずる。

●4● 対抗要件

動産質権は質物の占有の継続が対抗要件です（352条）。

質物を第三者に奪われたときは、質権に基づく返還請求は認められていません。

●5● 動産質権の効力の範囲

動産質権がカバーする被担保債権の範囲は、元本・利息・違約金・質権実行費用・質物保存費用・損害賠償請求権です（346条）。

質権者は、質物より生じる果実を刈り取って優先弁済に充てることができます。

●6● 質権の効力

動産質権者は、被担保債権の弁済を受けるまで目的物を留置することができます。手元に保管しておくことができるのです。

これを動産質権の留置的効力と呼びます。

他の債権者は、目的物に対する差押えをすることができません。

債務者が債務を履行しないときは、質物につき他の債権者に対して優先して弁済を受けることができます。

352条〔動産質の対抗要件〕動産質権者は、継続して質物を占有しなければ、その質権をもって第三者に対抗することができない。
346条〔質権の被担保債権の範囲〕質権は、元本、利息、違約金、質権の実行の費用、質物の保存の費用及び債務の不履行又は質物の隠れた瑕疵によって生じた損害の賠償を担保する。ただし、設定行為に別段の定めがあるときは、この限りでない。

●7●
転質

　1000万円を年末まで貸して，債務者からダイヤを預かった債権者が，急に100万円必要になりました。友達に預かっているダイヤを質入れし，クリスマスまで100万円借りました。これを転質と呼びます。　**質物はさらに質入れできる**

　もとの質権者を原質権者，新しい質権者つまり友人を転質権者と呼びます。

　人から預かっている物を，さらに質に入れることはちょっと理解しがたいかもしれません。しかし，転質は資金の流動化に大切な働きをしているのです。

❖承諾転質と責任転質

　質権設定者＝債務者か物上保証人の，承諾のある転質を**承諾転質**と呼びます。

　借主から取った質物を今度は自分の借金のカタに差し入れること

　承諾なしの転質を**責任転質**と呼びます。

　原質権者の責任でもって転質するので，責任転質と呼ぶわけです。

❖責任転質とは

転質権の被担保債権額が，原質権の被担保債権額以下でなければなりません。

先の例で言うと，転質権の被担保債権額が100万円で原質権の被担保債権額の1000万円以下でしたね。

また，転質権の被担保債権の弁済期は原質権のそれより短くなくてはなりません。

先の例で言うと，原質権の弁済期は年末までで，転質権のそれはクリスマスまででした。

責任転質の場合，原質権者は転質することによって生じた損害が，たとえ不可抗力によるものでも損害賠償をしなければなりません。債務者の承諾を得ずに自分で勝手に転質したわけですから。転質権者は自分で原質権を実行することができますが，転質権の被担保債権だけでなく，原質権の被担保債権も弁済期が来ていなければなりません（348条）。

（書き込み：天災・盗難など／不可抗力に丸）

先の例でいうと，年末が過ぎて年が明けなければなりませんね。

質権の実行によって得たお金は転質権者の優先弁済に充てた後，原質権者の優先弁済に充てることができます。

348条〔転質〕質権者は，その権利の存続期間内において，自己の責任で，質物について，転質をすることができる。この場合において，転質をしたことによって生じた損失については，不可抗力によるものであっても，その責任を負う。

❸ 不動産質

●1●
不動産質とは

　不動産を担保の目的物＝質物とする質権を，不動産質権といいます。*譲渡できる物であれば、不動産も質権の目的となります*

　抵当権も不動産を担保の目的物にします。抵当権の場合は，担保の目的物になっている不動産を債務者がそのまま占有していますので，債務者はその不動産を引き続き利用できます。

　たとえば，お金を借りて自分の住んでいる家を抵当権の担保の目的物にしても，抵当権設定者＝債務者はそのままその家に住み続けることができます。

　しかし，不動産質権の場合は質権者に不動産を移転してしまうので，質権設定者は不動産を利用し続けることができなくなります。

　お金を借りて自分の住んでいる家を質権の担保にすると，その家を質権者に移転する結果，質権設定者は他に住む場所を探さなければなりません。

　もっとも，質権者＝債権者の方で不動産を使用・収益することはできます。

　しかし，お金を貸して抵当権者になるのは主に銀行などの金融機関です。現実の社会では金融機関が不動産を手元に置いておくことはむしろ面倒なので，この不動産質権はあまり利用されていません。

不動産質権は、質権という意味では動産質と同じです。

また、不動産を担保の目的物にするという点では抵当権と同じです。

ですから、この**動産質と抵当権の規定が、しばしば準用**されています。

たとえば、優先弁済権の実行方法には、抵当権の規定が準用されています。

● 2 ●
不動産質権の内容

不動産質権設定契約も要物契約です。

たとえ登記をしても、質権の目的物になっている不動産の引渡しが行われなければ、不動産質は成立しません。

登記は対抗要件なのです

存続期間は10年以下です。10年以上の契約を結んだ場合は、10年に短縮されます（360条1項）。

更新する場合も存続期間は10年以下です（360条2項）。
不動産質権者＝債権者は、不動産を使用・収益することができます。

民法に不動産質の対抗要件の規定はなく、361条で抵当権の規定が準用されます。結局、不動産質の対抗要件は登記です。

360条〔不動産質権の存続期間〕不動産質権の存続期間は、十年を超えることができない。設定行為でこれより長い期間を定めたときであっても、その期間は、十年とする。
②不動産質権の設定は、更新することができる。ただし、その存続期間は、更新の時から十年を超えることができない。

❹▶権利質

●1●
権利質とは

権利質(けんりしち)は,財産権を担保の目的物＝対象とする質権です。

財産権というのは,債権・株式・知的財産権などです。

この3つは抵当権の担保の目的物になり得ないので,質権の担保の目的物にする意義があります。

「知的財産権」…特許権・著作権など

権利質の主なものは債権質です。

債権質も債権者と債務者・物上保証人との間で締結されます。

債務者自身の債権を担保に質権を設定する場合を説明しましょう。

私が銀行に100万円定期預金しているとします。100万円の定期預金債権を持っているわけですね。

私の銀行に対するこの債権を質権の担保として銀行からお金を借りることができます。

●2● 債権質の対抗要件

債権質の対抗要件は債権の類型ごとに異なります。

指名債権の場合は債権譲渡と同じです。

<u>支払う相手が決められている債権　例：預金債権</u>

質権設定をその指名債権の債務者＝第三債務者に通知するか，第三債務者の方から承諾することです（364条）。

第三債務者以外の人に対抗するには，確定日付のある証書が必要です。

<u>内容証明郵便と公正証書</u>

指図債権の場合は，証券に質権設定の記載をしてこれを債権者に交付することです(365条)。裏書きが必要になるわけです。

<u>支払う相手が指定されている債権</u>

無記名債権は動産と見なされるので，占有の継続が対抗要件です（352条）。

364条〔指名債権を目的とする質権の対抗要件〕指名債権を質権の目的としたときは，第四百六十七条の規定に従い，第三債務者に質権の設定を通知し，又は第三債務者がこれを承諾しなければ，これをもって第三債務者その他の第三者に対抗することができない。

365条〔指図債権を目的とする質権の対抗要件〕指図債権を質権の目的としたときは，その証券に質権の設定の裏書をしなければ，これをもって第三者に対抗することができない。

●3●
債権質の効力

　債権質の効力は元本債権だけでなく，利息債権にも及びます。

　留置的効力としては，証書があるときはそれを留置することができるだけでなく，債権を差し押えられた状態と同じ状態にすることができます。

　つまり，債権質設定者や第三債務者が，勝手に弁済したり・免除(めんじょ)したり・相殺(そうさい)したりできないようにすることができるのです。

　質権者は債権の利息を直接取り立てて，優先弁済することができます（366条1項）。

　質権者は，質権の目的である債権を直接取り立てる優先弁済権を持っています。

　つまり，質権者は自分で第三債務者に対して，債権内容を直接引き渡すよう請求できるのです。債権の内容＝債権の目的物が金銭なら，質権者は自分の質権額だけ取り立てて充当することができます（366条2項）。

　この債権の弁済期が被担保債権の弁済期よりも前なら，第三債務者に供託させることができます。被担保債権自体は弁済期になっていないので自分のものにすることはできませんが，供託所に預けさせて確保することはできるのです。

供託…債権者に支払う代わりに公的機関に預けること
株式を目的とする質権の場合は株式の競売により優先弁済を受けることができます

質権者は，債権の対象がお金なら自分の貸した分だけ取り立てられます。

　自分の貸したお金の支払い期限が来ないのに、債権の支払い期限が先に来た場合、質権者はその支払い金額分を供託させることができます。この場合，供託金が質権の担保の対象になります。

　質権の対象がお金ではないときは，その物を受け取った後はその物が質権の担保の対象になります。

366条〔質権者による債権の取立て等〕質権者は，質権の目的である債権を直接に取り立てることができる。
②債権の目的物が金銭であるときは，質権者は，自己の債権額に対応する部分に限り，これを取り立てることができる。

キオークコーナー 3 時間目

[用語チェック]

1 (質権の性質)
- □ 質権者は〔①〕で，質権設定者は〔②〕か〔③〕である。
- □ 質権を目的物＝質物によって分類すると，〔④〕・〔⑤〕・〔⑥〕である。
- □ 〔⑦〕と，質権は共に約定担保物権である。
- □ 質権では，担保の目的物を債権者に〔⑧〕する。
- □ 抵当権では担保の目的物は債務者のもとに〔⑨〕する。

2 (動産質)
- □ 物上保証人が債務者の代わりに支払いをした場合は債務者に〔⑩〕を請求できる。
- □ 質物によって担保されている債権のことを，〔⑪〕という。
- □ 質権設定契約は要物契約なので，〔⑫〕の引渡しが効力発生要件である。
- □ 動産質権は質物の〔⑬〕の継続が対抗要件である。
- □ 動産質権がカバーする被担保債権の範囲は〔⑭〕・〔⑮〕・違約金・質権実行費用・質物保存費用・損害賠償請求権である。
- □ 被担保債権の弁済を受けるまで目的物を留置することができる。これを動産質権の〔⑯〕という。

①債権者
②債務者
③物上保証人
④動産質
⑤不動産質
⑥権利質
⑦抵当権
⑧移転
⑨存続

⑩求償

⑪被担保債権

⑫質物

⑬占有

⑭元本
⑮利息

⑯留置的効力

⑰原質権者
⑱転質権者

□ 質権者が預かった質物を第三者に預け，お金を借りることを転質と呼ぶ。もとの質権者権を〔⑰〕・新しい質権者を〔⑱〕と呼ぶ。

⑲承諾転質
⑳責任転質

□ 転質において，債務者・物上保証人のOKがある場合を〔⑲〕・ない場合を〔⑳〕と呼ぶ。

3 (不動産質)

㉑10

□ 不動産質権の存続期間は〔㉑〕年以下である。継続的な取引関係から発生する不特定の債権のために成立する質権を〔㉒〕という。

㉒根質

㉓抵当権

□ 不動産の優先弁済権の実行方法には〔㉓〕の規定が準用される。

4 (権利質)

㉔債権譲渡
㉕債務者
㉖第三債務者
㉗利息債権

□ 債権質の対抗要件は指名債権の場合においては〔㉔〕と同じで，質権設定をその指名債権の〔㉕〕に通知するか，〔㉖〕の方から承諾することである。

□ 債権質の効力は元本債権だけでなく〔㉗〕にも及ぶ。

4時間目 物権第10章 抵当権

▶ここで学ぶこと

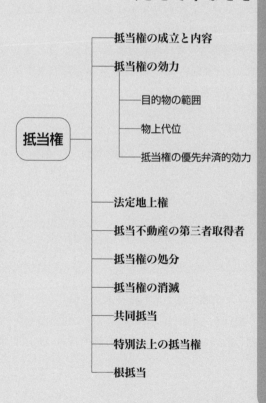

❶▶抵当権の成立と内容

●1●
抵当権とは

　日常生活でも,「家を抵当に入れてしまった」などと言っていますね。抵当権は物的担保の代表選手です。

　私が銀行から2000万円借り,担保として自宅を抵当に入れるということがあります。自宅に抵当権を設定するのです。

　抵当権者は債権者です。

　抵当権設定者は普通債務者ですが,第三者がなることもあります。この第三者を物上保証人と呼びます。上の例で,私の兄が兄の自宅を抵当に入れてくれる場合,兄が物上保証人です。

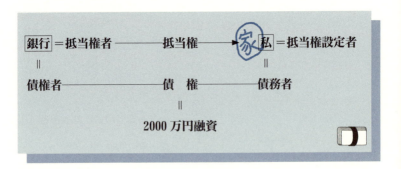

```
銀行 ＝抵当権者 ──── 抵当権 ───▶家 私＝抵当権設定者
 ‖                                    ‖
債権者 ──────── 債　権 ──────── 債務者
                   ‖
              2000万円融資
```

　上の黒板では,抵当権設定者と債務者は一致しています。

　銀行からお金を借りたが,銀行が担保をほしがるので自分の家を抵当に入れる,というのが抵当権の原則的な姿ですね。

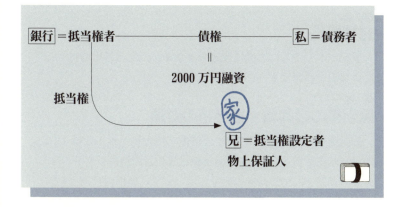

●2● 抵当権の内容

　担保の目的物を，設定者＝債務者か物上保証人の手元に置きつつ，すなわち設定者が目的物を使用・収益し続けながら，債権者が債務者にお金を貸す担保物権です。債務者が支払い期日に弁済をしなければ，目的物を換価して債権者は優先弁済を受けることができます。

　つまり，目的物の交換価値を押さえる権利です。

　原則として，不動産が抵当権の目的物＝対象ですから，登記で公示することができます。

　抵当権の設定契約は目的物の引渡しが不必要な<u>諾成契約</u>であって，要物契約ではありません。

<u>当事者間の合意だけで効力を発生します</u>

　抵当権にも附従性はありますが，<u>将来発生する債権のために現在抵当権を設定することが可能です。</u>→根抵当

　要物契約＝当事者の合意＋目的物の引渡し

●3● 対抗要件

登記がなくても抵当権は設定できますが，第三者に対抗するには登記が必要です。

●4● 抵当権の目的物＝抵当権の対象

抵当権の目的物＝対象には，不動産・地上権(ちじょうけん)・永小作権(えいこさくけん)(369条) があります。土地の一部を抵当権の目的物にする場合は，分筆の登記をしてから抵当権を設定します。建物の一部分を抵当権の目的物にする場合は，区分所有権法で認められているケースならOKです。

では，大まかに抵当権の一生 (太郎所有の土地を例にとります) について記します。

(誕生) ①抵当権は太郎と債権者の土地への設定契約によって設定されます。

②抵当権が設定されていても，太郎は土地を使うことができます。

③もし，債務者が債務を弁済しないときは，抵当権者たる債権者は抵当権の実行としての競売を裁判所に申し立てます (民事執行法の規定)。

④手続が進行し，競売が実施されて，土地の買受人は土地所有権を取得します。

(消滅) ⑤太郎は土地の所有権を失い，抵当権は消滅します。

369条〔抵当権の内容〕抵当権者は，債務者又は第三者が占有を移転しないで債務の担保に供した不動産について，他の債権者に先立って自己の債権の弁済を受ける権利を有する。
②地上権及び永小作権も，抵当権の目的とすることができる。この場合においては，この章の規定を準用する。

❷▶抵当権の効力

●1●
利息の制限

　抵当権は元本の他に，満期の最後の2年分の利息に制限されています（375条1項）。<u>弁済期後のいわゆる延滞利息も含めます</u>

　なぜこのような制限があるのでしょうか。じっくり次の例を読んでください。

　私が銀行から年利率1割で1000万円借りました。私の2000万円の土地に抵当権を設定しました。さらに信用金庫から100万円借りて2番抵当を設定しました。

　私が10年延滞すると，元金1000万円＋1年の利息100万円の10年分＝2000万円です。これでは2番抵当権者の信用金庫の配当は0になってしまいます。ですから満期の2年分に制限したわけです。

　もちろん抵当権設定者＝私に対しては，2年以上（上の例で10年間）の利息を要求できます。つまり，信用金庫などの他の債権者がいなければ，全債権について取れるわけです。

　繰り返しますと，**抵当権者と抵当権設定者の間では2年間という制限はありません。**

375条〔抵当権の被担保債権の範囲〕①抵当権者は，利息その他の定期金を請求する権利を有するときは，その満期となった最後の二年分についてのみ，その抵当権を行使することができる。ただし，それ以前の定期金についても，満期後に特別の登記をしたときは，その登記の時からその抵当権を行使することを妨げない。

なお、2年以上の延滞利息も登記さえすれば、無制限に抵当権を実行することができます (375条1項)。

弁済期を過ぎてしまうと、債務者は遅延損害金を支払うことになります。この遅延損害金と利息の合計も、満期の2年分の利息を超えることはできません。

遅延損害金＋利息≦2年分の利息金

●2● 抵当権の効力が及ぶ目的物の範囲

私が自宅に抵当権を設定した場合、雨戸や畳にも抵当権の効力が及ぶのでしょうか。

これが抵当権の効力の及ぶ目的物の範囲の問題です。

民法は370条で、抵当権の目的物である不動産と附加一体物に抵当権の効力が及ぶ、としています。　附合物＋従物

私の自宅に抵当権を設定すると、雨戸や畳にも抵当権の効力が及ぶわけです。附合物はこの附加一体物に当然含まれます。

物理的あるいは社会経済的に分離復旧することが困難、または不相当なもののことです

雨戸や畳などに抵当権の効力が及ぶのです。

従物もこの附加一体物に含まれると考えられます。

「かばんとカギ」・「母屋とはなれ」など

従物については、以前判例は否定していました

370条〔抵当権の効力の及ぶ範囲〕抵当権は、抵当地の上に存する建物を除き、その目的である不動産（以下「抵当不動産」という。）に付加して一体となっている物に及ぶ。

●3● 従たる権利

私が高橋監督の土地を借りて，自分で家を建てて住ませてもらっているとします。私は高橋監督の土地に借地権を持っているわけです。家は私のものです。

銀行から1000万円借りて，この家に抵当権を設定したとしましょう。

銀行の抵当権の効力は，この家だけでなく借地権にも及びます。 *従物に準じます。この場合、家が主物です。*

●4● 果実

抵当権は，担保の目的物の使用・収益権を設定者に温存させる制度でした。

ですから，抵当権が担保する債権について不履行があるまでの間は，目的物である不動産から生じる収益（天然果実・法定果実）には抵当権の効力は及びません。

ただし，抵当権が担保する債権について不履行があった後は，天然果実・法定果実に抵当権の効力が及びます。

なお，果実に対する執行をするには，後で説明する物上代位の規定によるほか，民事執行法の規定にもとづく担保不動産収益執行の方法があります。

❖物上代位とは

物上代位とは，抵当権者が債権の弁済を受けられないときに，抵当権の担保の目的物を換価して弁済を受ける権利でした。

371条：抵当権は，その担保する債権について不履行があったときは，その後に生じた抵当不動産の果実に及ぶ。

ある土地に 2000 万円の債権に対する抵当権を持っていたとします。弁済＝支払いを受けられないときに，その土地をお金に換えてその土地から弁済を受けます。

　抵当権とは，その土地を支配したり利用したりする権利でなく，その土地がお金に換え得ることの権利です。抵当権の目的物の交換価値に対する権利なのです。ですから，目的物が売却されたり，貸されたりすることによって債務者が獲得する代金などの物の上に抵当権の効力は及んでいくのです。

● 5 ●
物上代位の対象

❖売却代金への代位

　抵当権にはもともと追及力がありますので，売却代金を物上代位の目的物にするメリットは多くはありません。抵当権者＝債権者は，抵当目的物を追及することも物上代位することも可能なのです。

❖賃料への代位

　賃料は抵当権の目的物の価値が具体的に染み出てくるものなので，物上代位の対象とされています。

❖第三者の不法行為によって目的物が滅失したり壊されたとき

　抵当権の目的物の所有者＝債務者か物上保証人は，不法行為者に対して損害賠償請求権を取得します。これも物上代位の対象になります。

❖公用収用の補償金

土地が公的な理由で買い上げられた場合，その土地の代金である補償金も物上代位の対象になります。

私は銀行に1000万円の借金をして自分の土地を抵当に入れていましたが，私の家に国道が通ることになり国から補償金をもらいました。銀行はこの補償金を物上代位の対象とします。

●6● 物上代位の要件

債権者が物上代位によって優先弁済を受けるには，物上代位物の払渡し・引渡しのときまでに物上代位物を差し押さえなければなりません。

この物上代位による差押えにつき争いがあります。

もしも損害賠償請求権につき先に他の一般債権者が差し押さえていた場合，抵当権者は物上代位によってその損害賠償請求権につき優先弁済を主張できるか，という問題です。

①たとえ既に他の債権者が差押えをしていても，差押えは抵当権者自らしなければならないとする見解と，

②既に他の債権者が差押えをしているならばそれで物上代位の要件は足りるから，抵当権者自らの差押えは不要であるとする見解が対立しています。

この対立は，差押えを要求する趣旨をどう考えるかの問題といえます。

①説——損害賠償請求権由来の金銭が債務者の一般財産に紛れ込むことの防止。

②説——他の債権者に対して優先権があることを示すため。

❸▶抵当権の優先弁済的効力

　債務者が弁済期に弁済しないときは，抵当権者は抵当不動産を競売して，その代金から他の債権者に優先して自分の債権に充てることができます。抵当権の実行としての競売手続は，担保不動産競売と呼ばれています。

　また抵当権者は，抵当不動産を競売せずに（または担保不動産競売手続と並行して），賃料などその不動産から得られる収益によって債権を回収することもできます。この抵当権実行手続を担保不動産収益執行と呼びます。

●1●
他の債権や担保物権との競合

　登記があれば，担保物権を持たない一般債権者に優先します。

　2人以上の債権者が1つの不動産に抵当権を持つ場合には，登記の順番によって順位が決まります。最初に登記をした人が1番抵当権者，2番目に登記をした人が2番抵当権者です。もちろん，1番抵当権者は2番抵当権者に優先します。前の抵当権者が弁済などで消え去れば，後ろの順位の抵当権者の順位は繰り上がって昇進します。たとえば，私が銀行から1000万円借りて，自宅に抵当権を設定しました。銀行は早速登記しました。

　その後，私は信用金庫から500万円借りて抵当権を設定しました。信用金庫は直ちに登記しました。

　銀行は1番抵当権者，信用金庫は2番抵当権者です。

　私がなんとか1000万円作って銀行に支払いました。銀行の1番抵当権は消滅しました。信用金庫の2番抵当権は1番抵当権に繰り上がり昇進します。

抵当権と不動産質権が競合するときは，登記の早い者勝ちです。抵当権と一般の先取特権が競合するときも，登記の早い者勝ちです。両方とも登記がない場合は，一般の先取特権が優先します。不動産先取特権は登記すれば常に抵当権に優先します。

●2● 抵当権実行の要件

抵当権が存在し，債務者が担保された債権について債務不履行になっていれば抵当権者は抵当権を実行することができます。つまり，弁済期が到来しているのに債務者が履行しないときということです。

まず，抵当権の存在を証明する文書を提出します。

❖担保不動産競売手続

競売手続の申立てがあれば，裁判所は次の手続をとります。

強制的な売却処分

①競売開始決定
②売却手続　*抵当不動産の所有者・債務者に通達*
③代金の納付・配当等

差押えの結果不動産の処分が禁止され，入札・競り売りなどの方法で抵当不動産は売却されます。第三取得者も抵当不動産の買い受けの申立てができます (390条)。

転売してもらうことで物を手に入れた第三者

売却許可決定が決まると，抵当権設定者＝債務者・物上保証人と買受人の間に，抵当不動産売買成立と同じ効果が生じます。
　つまり，**抵当権設定者が買受人に抵当不動産を売ったことになる**のです。
　土地の使用料は当事者の請求があれば裁判所が決めます。
　そして，抵当権者は買受人が支払った不動産の売却代金から，一番抵当権者から順番に全額優先弁済を受け，抵当不動産上の抵当権は消滅します。

　なお，このような手続がコストも時間もかかるのを嫌って，抵当権者は設定者と抵当直流(ていとうじきながれ)特約を結ぶことがあります。
　この特約は，仮登記があれば仮登記担保として処理され，なければ仮登記担保法の趣旨を考慮して，被担保債権額と担保物の差額の清算義務があると考えられています。

❖担保不動産収益執行手続

　担保不動産収益執行では管理人が選任されます。賃借人は賃料を管理人に収めるよう命じられ，この中から配当が行われます。

　不動産の所有者は，賃料を処分することができなくなります。

390条〔抵当不動産の第三取得者による買受け〕抵当不動産の第三取得者は，その競売において買受人となることができる。

❹ 法定地上権

●1●
法定地上権の成立要件

法定地上権の成立要件は次の3つです。

> ①抵当権設定時に土地と建物が存在する
> 改築されたり、あるいは滅失して再築されていてもOK
> ②抵当権設定時に両方とも同じ人が所有していた
> ③土地と建物の一方または両方に抵当権が設定され，競売の結果，所有者が別々になってしまった

上の黒板①で，抵当権設定時に土地と建物の両方が存在しなければなりません。土地だけの方が抵当権者は高価に評価するので，後に建てられた建物に法定地上権が成立すると，土地の価値が下がって，抵当権に損失が出るからです。

建物は抵当権設定時に存在していればよく，登記は必要ありません。

上の黒板②で，抵当権設定時に両方とも同じ人が所有していれば，その後どちらかが第三者に譲渡されてもかまいません。

別の人が持っていれば，土地の賃貸借など利用権が既にあるので，それを使えばいいからというわけです。

法定地上権そのものは地上権そのものによって第三者に対抗します。

●2● 抵当権と用益権との関係

　抵当権が実行されると，抵当権設定者＝不動産のもとの所有者＝債務者か物上保証人は，当然，目的物を利用できなくなります。抵当権設定後に設定者から抵当不動産を譲り受けた第三取得者も，当然目的物を利用できなくなります。

　しかし，抵当目的物の利用ができなくなると困る人も出てくるのです。

　例をあげて説明しましょう。

　私が自分の土地に，自分の家を建てて住んでいました。土地に抵当権を設定して銀行からお金を借りました。お金を返せなくなって，私の土地の抵当権が実行され，土地は銀行のものになってしまいました。しかし，私の家は依然，私のものです。それなのに私の家に住めなくなり，私の家を撤去しろといわれても困りますね。

　このような場合，地上権が発生するのです。私は銀行の土地にある自分の家に住むために，銀行に対して地上権を獲得します。*土地を使用する権利、自分の家に住むために銀行の土地を利用する権利です。*

　法律上発生するので，法定地上権と呼ばれています（388条）。

　このような抵当権と抵当不動産の用益との関係について考えてみましょう。

　言い換えれば，抵当権と抵当不動産の利用権との関係を考えるのです。

388条〔法定地上権〕土地及びその上に存する建物が同一の所有者に属する場合において，その土地又は建物につき抵当権が設定され，その実行により所有者を異にするに至ったときは，その建物について，地上権が設定されたものとみなす。この場合において，地代は，当事者の請求により，裁判所が定める。

銀行
抵当権
債権者　　　　　　　　　　→抵当権設定者 私
抵当権者　　　　　　　　　　債務者か物上保証人

家
↓譲渡
第三取得者 有富金太郎
後で抵当目的物の所有者になった人

　もう1つ別の法定地上権の例を出します。
　私が，自分の土地に自分の家を建てて住んでいました。銀行からお金を借りるときに，自宅に抵当権を設定しました。借金を払えず抵当権が実行され，自宅は有富金太郎さんのものになりました。土地は相変わらず私のものです。
　有富さんは法定地上権を獲得します。
　なぜなら，有富さんに私の土地を使う何らかの権利がないと，その土地の上にある家を使用できないからです。

●3● 抵当権者の同意制度

抵当権が設定された後に、抵当不動産利用権が発生しても、抵当権が実行されてしまうと消滅してしまいます。

これでは、抵当権の設定されている不動産を有効に利用することが困難になります。

そこで登記した賃貸借であって、先に登記をしている抵当権者の全員が賃貸借を存続させることに同意し、その同意を登記した場合には、同意をした抵当権者に対して、その賃貸借を対抗できることになっています (387条1項)。

●4● 明渡し猶予制度

抵当権を設定する登記がされた後に設定された賃貸借は、原則として抵当権者や買い受け人に対抗することができません。

ただし例外として、一定の条件をみたす建物賃貸借の賃借人については、競売によって建物が買い受けられた場合でも、6ケ月間は明け渡しが猶予されます。ただしその場合、建物使用の対価の支払いが必要です (395条)。

395条〔抵当建物使用者の引渡しの猶予〕抵当権者に対抗することができない賃貸借により抵当権の目的である建物の使用又は収益をする者であって次に掲げるもの(次項において「抵当建物使用者」という。)は、その建物の競売における買受人の買受けの時から六箇月を経過するまでは、その建物を買受人に引き渡すことを要しない。
1　競売手続の開始前から使用又は収益をする者
2　強制管理又は担保不動産収益執行の管理人が競売手続の開始後にした賃貸借により使用又は収益をする者
②前項の規定は、買受人の買受けの時より後に同項の建物の使用をしたことの対価について、買受人が抵当建物使用者に対し相当の期間を定めてその一箇月分以上の支払の催告をし、その相当の期間内に履行がない場合には、適用しない。

❺▶ 抵当不動産の第三取得者

　私が自分の土地に抵当権を設定し，友人から1000万円借りました。
　その後，私は土地を姉に売りました。
　私が借金を返せず，抵当権が実行されてしまうと，姉の所有権は覆されます。
　姉は，私に対して売り主の担保責任を追及できるだけです。

　姉のような抵当不動産の第三取得者を保護するために，代価弁済（378条）と抵当権消滅請求（379条）の2つの制度があります。

●1●
代価弁済

　抵当不動産を取得した第三取得者が，抵当権者の請求に応じて売買代価を弁済すると，抵当権はその第三取得者のために＝第三取得者に対して消えてしまいます。
　この制度では，抵当権者の方がイニシアチブを持ってしまうので，第三取得者の保護になりません。
　ですから，現実にはあまり利用されていません。

378条〔代価弁済〕抵当不動産について所有権又は地上権を買い受けた第三者が，抵当権者の請求に応じてその抵当権者にその代価を弁済したときは，抵当権は，その第三者のために消滅する。
379条〔抵当権消滅請求〕抵当不動産の第三取得者は，第三百八十三条の定めるところにより，抵当権消滅請求をすることができる。

❻▶抵当権の処分

民法が認めている抵当権の処分は次の6つです。

①転抵当 (376条1項)
②抵当権の譲渡 (376条1項)
③抵当権の放棄 (376条1項)
④抵当権の順位の譲渡 (376条1項)
⑤抵当権の順位の放棄 (376条1項)
⑥抵当権の順位の変更 (374条)

抵当権の被担保債権は，弁済期まで長期間存在することが多いのです。

債権者としては，抵当権設定時の状態がそのまま続くより，譲渡したり，質入れしたり，順序を入れ換えたりしながら，柔軟に抵当権を活用することが望ましいですね。そのために民法は，抵当権の処分という制度を定めています。

376条〔抵当権の処分〕①抵当権者は，その抵当権を他の債権の担保とし，又は同一の債務者に対する他の債権者の利益のためにその抵当権若しくはその順位を譲渡し，若しくは放棄することができる。
374条〔抵当権の順位の変更〕抵当権の順位は，各抵当権者の合意によって変更することができる。ただし，利害関係を有する者があるときは，その承諾を得なければならない。②前項の規定による順位の変更は，その登記をしなければ，その効力を生じない。

● 1 ●
転抵当

転抵当というのは，抵当権者がその抵当権を債権の担保にするということです。

私が友人から1000万円借りて自分の土地に抵当権を設定しました。

友人がその抵当権そのものを担保にして，銀行から100万円借りました。

友人と私の関係では，私の土地の所有権に対して，友人が抵当権を持っています。

友人と銀行の関係では，私の土地への友人の抵当権に対して，銀行が抵当権を持っています。

友人は原抵当権者，銀行は転抵当権者です。

転抵当というと、転質を思いだしますね。
転質と似ている制度です。

❖ 転抵当の要件

転抵当の被担保債権額は，原抵当権の被担保債権額を超えていても，先の例でいえば，友人の被担保債権額が1100万円でもいいわけです。弁済期の制限もありません。原抵当権の設定者＝原抵当権の債務者・保証人＝先の例では私の承諾は必要ありません。

❖ 転抵当の対抗要件

抵当権設定者＝債務者・保証人に対して，通知するか承諾を得ることが対抗要件です。

● 4 ●
抵当権の順位の譲渡

同一の債務者に対する債権において，後順位抵当権を持つ抵当権者のために順位だけを譲渡する場合です。

この抵当権の順位の譲渡と先の抵当権の譲渡の違いは，利益を受ける三郎が**後順位抵当権者**か**無担保債権者**という違いだけです。

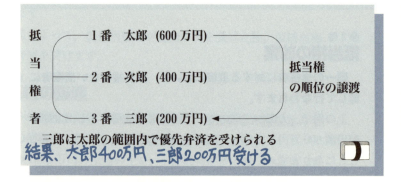

三郎は太郎の範囲内で優先弁済を受けられる

結果、太郎400万円、三郎200万円受ける

● 5 ●
抵当権の順位の放棄

同一の債務者に対する債権において，後順位抵当権を持つ抵当権者のために順位だけを放棄する場合です。

この抵当権の順位の放棄と先の抵当権の放棄の違いは，利益を受ける三郎が，**後順位抵当権者**か**無担保債権者**という違いだけです。

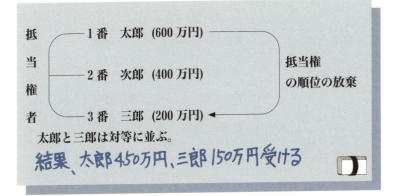

結果、太郎450万円、三郎150万円受ける

●6● 4つの抵当権の処分のまとめ

88ページから説明してきた抵当権の4つの処分についてまとめます。

4つの処分というのは，抵当権の譲渡・抵当権の放棄・抵当権の順位の譲渡・抵当権の順位の放棄の4つですね。

これらの4つは，抵当権を持っている債権者が，債権者がもっとお金を借りられるように，新たにお金を貸してくれる人が喜ぶような有利な条件を与えるために，自分の持っている優先弁済の利益を新たにお金を貸してくれる人に譲り渡すものです。抵当権を持っている債権者と新たにお金を貸してくれる人との合意だけで実現できるようにしなければいけません。ですから，債権者・抵当権設定者・後順位抵当権者たちが不利益にならないように工夫しなければなりません。

図にまとめると黒板のようになります。この図は，内田貴著『民法Ⅲ債権総論・担保物権』(東京大学出版会) の455頁を参照したものです。

受益者	パターン	効果
一般債権者に対する	抵当権の譲渡	受益者が優位に
	抵当権の放棄	受益者は処分者と同位
後順位抵当権者に対する	抵当権の順位の譲渡	受益者が優位に
	抵当権の順位の放棄	受益者は処分者と同位

●7● 抵当権の順位の変更

抵当権の順位の変更というのは、前のページの例で、太郎が1番抵当・次郎が2番抵当・三郎が3番抵当の場合に、太郎次郎三郎の順位を次郎太郎三郎、次郎三郎太郎、三郎次郎太郎のように絶対的効力で変更してしまうことです (373条2項)。

当然ながら、各抵当権者=太郎次郎三郎の3人の合意が必要です。利害関係人の承諾も必要ですが、抵当権設定者=債務者・保証人は、この場合、利害関係人には入りません。

― 転抵当権者

抵当権の順位の変更の場合は、登記は単なる対抗要件ではなく、効力発生要件です。

今までに説明してきた4つの抵当権の処分との相異点は、抵当権と被担保債権の両方をセットで移動してしまう点です。

4つの抵当権の処分は抵当権と被担保債権を別々にして処分しますね。

❼ 抵当権の消滅

抵当権は次のような場合に消滅します。

①抵当権特有の消滅原因　　代価弁済・消滅請求・競売
②担保物権共通の消滅原因　　被担保債権の弁済
③物権共通の消滅原因　　混同・放棄など
④その他の消滅原因　　抵当権の消滅時効
　　　　　　　　　　　目的物時効取得による消滅

それでは、上の黒板④について説明していきます。

1 抵当権の消滅時効

抵当権は20年間行使されないと、時効によって消滅します。

抵当権は、債務者・物上保証人に対しては、被担保債権と同時でなければ時効によって消滅しません（396条）。

2 目的物の時効取得による抵当権の消滅

抵当不動産が、債務者・抵当権設定者と第三取得者以外の者によって時効取得された場合、抵当権は消滅します。

396条〔抵当権の消滅時効〕抵当権は、債務者及び抵当権設定者に対しては、その担保する債権と同時でなければ、時効によって消滅しない。

⑧▶共同抵当

● 1 ●
共同抵当とは

共同抵当は，1つの被担保債権に対して，複数の不動産の上に設定された抵当権です。

被担保債権が1つで，抵当不動産＝抵当権の目的物が複数あるのです。

たとえば，住宅地の不動産と商業地の不動産の2つに抵当権を設定した場合，商業地の不動産の価格が下がっても，住宅地の不動産の価格が下がらなければ，リスクの分散ができるわけです。上の例でいうと，2つの土地全体に1つの抵当権があるわけではなく，2つの土地に1つずつの抵当権があり，ただ1つの被担保債権に共通して結び付けられていると考えるべきです。

● 2 ●
共同抵当権の設定

2つ以上の不動産に共同抵当として同時に抵当権を設定しなくても，後で追加してもいいのです。

抵当不動産に後順位抵当権者がいる場合，抵当権実行の方法によっては困難な問題が生じます。それで民法は，複数の抵当権が同時に実行される場合と，別なときに実行される場合とに分けて規定しています。

●3● 共同抵当権の効力…同時配当の場合

先順位の抵当権者が複数ある抵当目的物の中で，価格が上がっているものを狙い撃ちにして優先弁済を受けると，後順位抵当権者に対して不公平な結果になります。

共同抵当権の目的不動産全部が同時に競売され，同時に配当される場合は，各不動産の価格の割合に応じて配当を受けます。

●4● 共同抵当権の効力…異時配当の場合

共同抵当権者が一部の目的不動産のみを競売し，その代金を配当する場合は，共同抵当権者はその代金から債権全額の弁済を受けることができます。

しかし，この場合，競売された不動産の後順位抵当権者が同時配当の場合に比較すると，不利益を受けます。それで，この場合，後順位抵当権者は，同時配当ならば先順位抵当権者が他の抵当不動産から受けられる配当額の限度で，その地位に代位して他の抵当不動産の競売を申し立て，配当を受けることができます。

なお，後順位抵当権者が代位により配当を受ける場合には，代位される抵当権の登記に代位の付記登記をしなければなりません（393条）。

それゆえ，付記登記前に，代位されるべき抵当権の登記が抹消されて，代位後に第三者が抵当権の設定を受け登記を得た場合には，後順位抵当権者はもはや代位を主張できなくなります。

❾ 根抵当

例で説明しましょう。

私が本屋さんを経営しているとします。問屋さんから継続的に本が送られます。どんどん債務が発生します。その代金債務を1000万円の限度で担保するため、私の土地に抵当権を設定する場合を根抵当と呼びます。債務が最初から特定されているわけではなく、債務が増えたり減ったりしますが、1000万円なら1000万円という一定限度を担保するのです。「極度額」といいます。

言い換えると、私と問屋さんの間に本という商品について、1000万円まで掛け売りするという**継続的商品供給契約**がある場合、その1000万円を私の土地で担保するのです。

もう1つ例をとりましょう。

私の会社と銀行の間に、**当座貸越契約**を結ぶとします。

当座貸越契約というのは、私が銀行に当座を持ち、当座預金を持ちます。銀行が私に対して一定限度までこの預金残高を超過=貸し越して私の振り出した手形・小切手の支払いをしてくれるという取引です。

この場合、その一定額までの債務を私の不動産に抵当権を設定して担保するというわけです。

● 1 ●
根抵当権の性質

根抵当権の性質上、確定するまでは附従性・随伴性はありません。不可分性と物上代位性はあります。

●2● 根抵当権の設定

根抵当権は，根抵当権設定者と根抵当権者との設定契約によって設定されます。設定契約において，被担保債権の範囲・極度額・債務者を定めなければなりません。

❖根抵当権の対抗要件

根抵当権の対抗要件は設定登記です。

登記内容は，被担保債権の範囲・極度額・債務者の3つが基本です。

❖被担保債権の範囲

根抵当権の被担保債権の範囲は，一定の範囲に属するものでなければなりません。当座貸越契約・継続的商品供給契約・継続的手形割引契約のような，継続取引から生じる債権です。

ただし，例外として，工場排水から継続的に生じる損害賠償請求権や手形・小切手上の請求権も被担保債権の範囲に入れることが可能です。

❖極度額

根抵当権によって優先弁済を受けうる最高額を，極度額と呼びます。元本・利息・債務不履行の損害賠償金全部につき，優先弁済を受けられます。

❖確定期日

根抵当権は，根抵当確定時に存在する元本・利息などを担保します。

●3● 根抵当権の変更

　被担保債権の範囲は，当事者間の合意によって変更することができます。

　極度額も，利害関係人の承諾があれば，設定当事者間で増やしたり減らしたりすることができます。

> 確定後でも不合理なときは変更できる。

　確定期日も，当事者間で変更できます。

●4● 確定前の根抵当の処分

　根抵当にも転抵当の制度があります。転根抵当と呼びます。

　ただし，被担保債権が変動する根抵当権の性質上，債務者は転抵当権者の承諾がなくても原抵当権者に弁済することができます。

　元本確定前なら，根抵当権者は設定者の承諾を得て，根抵当権を譲渡できます。登記が第三者に対する対抗要件です。

　元本確定前なら，根抵当権者は設定者の承諾を得て，極度額を分割して一方を譲渡することができます。**分割譲渡**

　たとえば，極度額が1000万円なら，600万円と400万円に分割して，400万円の根抵当権を譲渡することができるのです。

根抵当権の一部譲渡というのもあります。

先ほどの，分割譲渡と異なります。

極度額1000万円の根抵当があるとして，元本確定前なら，根抵当権者は設定者の承諾を得て，別の人と準共有できるのです。

準共有した人達は，それぞれの債権額に応じて競売の配当を受けます。

●5● 根抵当権の確定

根抵当権によって優先弁済を受ける債権が特定することを，**根抵当権の元本の確定**と言います。抵当不動産の換価手続が開始されたとき，当事者の合意によるとき，根抵当権者が請求したとき，一定期間を経て設定者から請求があったとき等に，元本が確定します。

❖元本確定の効果

まず，根抵当権の元本の確定により，担保される元本債権＝被担保債権は特定し，その後に発生した元本債権は担保されません。

根抵当権設定者は，元本確定時の債権額が極度額を下回っている場合，その時の債権額とその後2年間に生じるであろう利息・遅延損害金の合計額にまで極度額の減額を請求することができます。*極度額減額請求権*

逆に，確定した根抵当権の債権額が極度額を上回っている場合には，物上保証人などは，極度額に相当する金額を根抵当権者に支払うか供託して根抵当権を消滅させることができます。*根抵当権消滅請求権*

❿ ▶ 特別法上の抵当権

●1●
立木抵当

　「立木に関する法律」によって独立の不動産として登記された立木は、抵当権の目的＝対象になります。

　家などを全て木で作っていた日本では、立木は重要な価値を持ってきました。その価値のある立木を特別な抵当権の目的物にすることができるのです。

　土地と立木が同じ所有者に属し、どちらかだけが抵当権の目的物になり、競売されてしまった場合は、抵当権設定者は地上権を設定したとみなされます。

「法定地上権」を参照して下さい

　たとえば、私の土地に立木がありました。その土地を抵当権の担保に銀行から1000万円借りました。弁済することができず、土地は競売されてしまいました。

　結局、土地は他人のもの、立木は私のものになりました。

　木を成長させ、売って儲けるためにはその土地を使う権利が必要ですね。

　それで、木を成長させるために私に地上権が成立するのです。

●2● 動産抵当

抵当権の目的物＝対象になるのは，原則として不動産でした。

抵当不動産

動産を何とか担保にしようとした場合，質権を使うと動産は質権者の方に渡ってしまいます。何とか債務者の手元に動産を残したまま，担保の目的物にできないものでしょうか。

2つの方法があります。動産抵当と譲渡担保です。

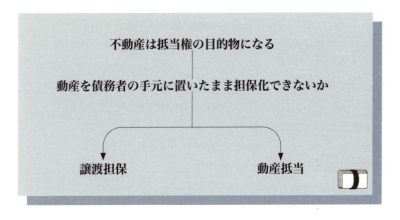

自動車・航空機・船舶・農業用動産・建設機械が，動産抵当の目的物＝対象になります。

● 3 ●
財団抵当

現在は資本主義社会であり，企業は不動産だけでなく，産業機械や特許権(とっきょけん)などの様々な財産・資産を持っています。

これら**全体を一つのまとまりとして財団とし，抵当権設定の目的物＝対象にするもの**です。

一定の登記・登録が必要です

● 4 ●
企業担保

企業は資金を獲得するために社債を発行します。

その社債を担保するために，株式会社の全財産上に抵当権が設定されるのです。

財団抵当のように，いちいち財産目録の作成をする必要はありません。とにもかくにも，**株式会社の全財産が担保の目的物＝対象になる**のです。

● 5 ●
抵当証券

抵当権の流通をより円滑にするためには，抵当権を証券の上に化体させる必要があります。抵当権が証券の一つになり，流通できるわけです。

抵当権＋被担保債権が合体して，抵当証券になるのです。抵当権と被担保債権は一つのかたまりになり，一体として処分することだけが可能になります。分離して処分できなくなります。

現在，抵当証券は金融商品として一般の人も購入するようになっています。

キオークコーナー 4時間目

[用語チェック]

1 (抵当権の成立と内容)

①債権者
②債務者
③物上保証人
④登記

□ 抵当権者は〔①〕で，抵当権設定者は〔②〕・〔③〕である。
□ 登記がなくても抵当権設定契約は成立するが，第三者に対抗するには〔④〕が必要である。

⑤不動産
⑥地上権
⑦永小作権

□ 抵当権の目的物になりうるのは〔⑤〕・〔⑥〕・〔⑦〕である。

2 (抵当権の効力)

□ 抵当権の効力は，担保する債権の不履行があったときは，その抵当権の目的物から生じる〔⑧〕に及ぶ。

⑧果実

□ またその効力は，他に債権者がいるときには元本の他に，満期の最後の〔⑨〕年分の利息に制限されている。

⑨ 2

⑩遅延損害金

□ 弁済期を過ぎてしまうと債務者は〔⑩〕を支払うことになる。この〔⑩〕と利息の合計も満期の〔⑪〕年分の利息を超えることはできない。

⑪ 2

⑫附加一体物

□ 民法370条は，抵当権の目的物である不動産と〔⑫〕に抵当権の効力が及ぶとしている。

⑬物上代位

□ 〔⑬〕とは，抵当権が債権の弁済を受けられないときに，抵当権の担保の目的物を

換価して弁済を受ける権利である。

4 (法定地上権)

□ 法定地上権の成立要件は次の3つである。
1. 抵当権設定時に〔⑭〕と〔⑮〕の両方が存在する。
2. 抵当権設定時に両方とも同じ人が所有していた。
3. 両方または一方に抵当権が設定された後〔⑯〕によって別々になった。

⑭土地
⑮建物

⑯競売

5 (抵当不動産の第三者取得者)

□ 抵当権不動産を取得した人が，抵当権の請求に応じて売買代価を弁済し抵当権を消滅させることを〔⑰〕という。

□ 第三取得者が抵当権者に対し，「これだけ払うから抵当権を消滅させてくれ」と請求することを〔⑱〕と呼ぶ。

□ 〔⑱〕ができるのは抵当不動産の第三取得者で，抵当不動産の〔⑲〕を取得したものである。

□ 抵当権者が〔⑱〕に応じたくないときは，〔⑱〕の通知を受けてから〔⑳〕ケ月以内に〔㉑〕の申立て・通知をしなければならない。

6 (抵当権の処分)

□ 民法が定めている抵当権の処分は〔㉒〕・〔㉓〕・〔㉔〕・〔㉕〕・〔㉖〕・〔㉗〕である。

□ 抵当権者が抵当権を別の債権の担保にすることを〔㉘〕という。

□ 〔㉘〕を実行するときには，〔㉙〕の被担

⑰代価弁済
⑱抵当権消滅請求
⑲所有権
⑳2
㉑競売
㉒転抵当
㉓抵当権の譲渡
㉔抵当権の放棄
㉕抵当権の順位の譲渡
㉖抵当権の順位の放棄
㉗抵当権の順位の変更
㉘転抵当
㉙原抵当権

保債権の弁済期も到来していることが必要である。

7 (抵当権の消滅)

㉚20　□ 抵当権は〔㉚〕年間行使されないと時効によって消滅する。

㉛債務者
㉜物上保証人　□ 抵当権は〔㉛〕・〔㉜〕に対しては被担保債権と同時でなければ時効によって消滅しない。

8 (共同抵当)

㉝共同抵当　□ 〔㉝〕は1つの被担保債権に対して複数の不動産の上に設定された抵当権である。

9 (根抵当)

□ 担保される債権をある特定のものに限定せず, 生じては消え, 消えては生じる数多くの債権を一括して, 前もって定めた「一定の限度額」まで担保しよう, という抵当権を
㉞根抵当　〔㉞〕という。

㉟極度額　□ 上記の「一定の限度額」を特に〔㉟〕という。

10 (特別法上の抵当権)

□ 動産に担保して債務者の手元に動産を残
㊱動産抵当　したい場合には, 〔㊱〕・〔㊲〕がある。
㊲譲渡担保　□ 企業が不動産だけでなく, 産業機械や特許権などの様々な財産・資産を一つのまとまりとして財団とし, 抵当とすることを
㊳財団抵当　〔㊳〕という。

〈担保物権の成立要件と対抗要件〉

	成立要件	対抗要件
留置権	物の占有者が物に関して債権をもっている場合に発生	物の占有
先取特権	法律の規定により特定の債権について自動的に発生	原則として登記不要
質権	債権者と債務者・物上保証人の質権設定行為によって発生 債権証書があるときは引渡し	動産質権では引渡し、不動産質権では登記、権利質では確定日付のある債権者の通知もしくは債務者の承諾が必要
抵当権	債権者と債務者・物上保証人の抵当権設定行為によって成立	登記

5時間目
補講その1
仮登記担保

▶ここで学ぶこと

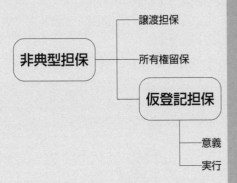

❶▶仮登記担保に入る前・非典型担保

●1●
担保物権を振り返る

　今まで，担保物権として留置権・先取特権・質権・抵当権の勉強をしてきました。

　留置権と先取特権は，法律上当然生じるもので法定担保物権と呼ばれています。

　質権と抵当権は，当事者の契約で生じるもので約定担保物権と呼ばれています。

　いずれにしても民法典にある担保物権です。

　この4つ以外に，**取引の慣習と判例によって，非典型担保＝変則担保＝変態担保と呼ばれる担保物権**があります。

　この本では，仮登記担保・譲渡担保・所有権留保の順に説明していきます。

　その前に表で流れを確認しましょう。

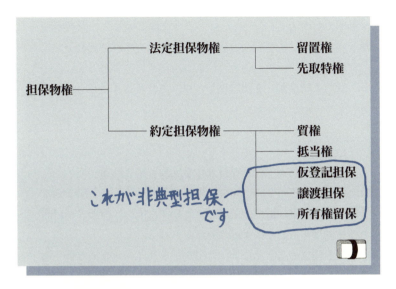

なぜ非典型担保が発生するのでしょう。

典型担保では，

①設定者が使用収益を継続できる担保（抵当権）は，不動産を客体とすることしかできず，

②債務不履行の際には面倒な競売手続きなどによらなくてはならない，

という不便さがあるのです。

担保の理想としては，目的物を債務者の手元に置いて債務者に使用・収益させながら，債務不履行の場合は確実に担保の目的物を換価して優先弁済を受けられることが理想です。

また，不動産だけでなく動産も担保にすることができれば便利です。

動産だけでなく，「のれん」のような財産権など，譲渡可能な財産権すべてを担保の目的物することができれば便利です。
　非典型担保は，次のような特徴を持っています。
　これらの特徴が，非典型担保が用いられるようになった理由でしょう。

> ①目的物を債務者・物上保証人の手元に留められる
> ②譲渡可能なすべての財産権を担保の目的とすることができる
> ③目的物の価格が被担保債権額より高額な場合，債権者が目的物を取得することによって差額をとれる
> ④競売手続はめんどうな上に費用がかかり，売却価格も低くなりがちであるが，非典型担保の場合は手数・費用がかからず，売却価格の心配もない

　非典型担保を二つに分けてみましょう。

　1つは，債権者が担保の目的物の権利を債務者から取ってしまう方法です。

譲渡担保と所有権留保がこのパターンです

　もう1つは，担保を設定する際には目的物の権利を債務者から取ってしまわず，債務不履行が生じた後，権利をとる法的地位をあらかじめ仮登記によって確保する方法です。

仮登記担保がこれにあたります

❷ 仮登記担保とは

仮登記担保というのは，目的物の仮登記をすることによって債権の担保をすることです。例を示しましょう。

私が友人に 1000 万円借りました。

友人は私の 2000 万円の家に代物弁済の予約をし，将来の所有権のために仮登記をしました。もし私が，借金を返せなければ，友人は予約完結権を行使して私の家を取得します。

＜手書き＞予約を本契約にする権利＜/手書き＞

まとめて言うと，お金を貸した債権者が，債務者が借金を返さない場合に，債務者・物上保証人の所有権などを借金の代わりに取得するもので，この所有権などの期待権を仮登記・仮登録によって保全しておくものです。

●1●
仮登記担保の設定

仮登記担保契約は，代物弁済の予約・停止条件付代物弁済・売買予約の 3 つのいずれかと仮登記のコンビによって為されます。

＜手書き＞将来の本登記に備えて、あらかじめ登記簿上の順位を保全するためになされる登記＜/手書き＞

また，抵当権と併用されることもよくあります。

代物弁済の予約というのは，私が友人に 100 万円の借金をする際，返済しなければ別荘の所有権を友人に移すというものです。移す，ということをあらかじめ約束することです。

停止条件付代物弁済というのは，返済しなければ＝返済しないということが条件で，別荘の所有権を友人に移すというものです。

売買の予約というのは、売買契約を予約しておき、予約完結権を行使しておくことで、目的物の所有権を取得する契約です。

仮登記担保は、債権者と債務者・物上保証人間の諾成・不要式の契約です。

金銭債権を担保の目的とします。

担保の目的物は、仮登記・仮登録ができる財産権です。

❖対抗要件

仮登記担保の対抗要件は、仮登記です。

●2● 仮登記担保の被担保債権の範囲

仮登記担保権者が、目的物の所有権を取得して債権を満足させようとするときは、清算期間後の債権・費用全額が被担保債権の範囲です。

他の債権者の競売手続で優先弁済を受けるときは、最後の2年分の利息・遅延損害金のみが被担保債権の範囲になります。

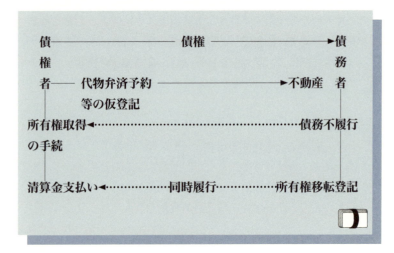

❸ 仮登記担保権の実行

●1●
仮登記担保権の実行とは

　仮登記担保権者は債務者が弁済しないとき，仮登記担保を実行して目的物の所有権を取得して債務の弁済に充てます。
　これを，**仮登記担保権の実行**と呼んでいます。

> 競売の手続を経ることなく独自にできます
> 仮登記担保法に手続が規定されています

　債務者が債務不履行によって履行遅滞になったとき，仮登記担保契約によって定められた所有権移転の要件が満たされることが必要です。すなわち，

(1)代物弁済予約の場合は予約完結の意思表示
(2)売買の予約の場合は予約完結の意思表示
(3)停止条件付代物弁済の場合はすぐに

> 履行遅滞によって条件は成就しています

　上の要件が満たされた後，債権者から設定者に対して，清算額の見積額を通知し，通知後2か月たって所有権移転の効力が生じます。

●2● 受戻

設定者は，清算金の支払を受けるまで，全債権額を債権者に提供して所有権の受戻を請求することができます。ただし，清算期間経過後，5年過ぎたときや第三者が所有権を取得してしまった場合は受け戻しできません。

●3● 清算

仮登記担保権者は，清算期間経過時の担保目的物価格と被担保債権額との差額を設定者に払わなければなりません。

逆に，清算期間経過時の担保目的物価格が被担保債権額未満の場合には，当然設定者は差額の債務の弁済をしなければなりません。

清算に関する特約で設定者に不利なものを結んでいても，清算期間経過後にされた特約を除いて無効とされます（仮登記担保法3条）。

なお，清算期間が過ぎて所有権が担保権者に移転すると，担保権者は設定者に本登記および引渡しをしてくれと請求できますが，この本登記・引渡し義務は清算金支払義務と同時履行の関係にあります。

キオークコーナー 5時間目

[用語チェック]

1 (仮登記担保に入る前に・非典型担保)

□ 担保物権には、法律上当然生じるものである留置権と先取特権、つまり〔①〕担保物権と、当事者の契約で生じる質権と抵当権、つまり〔②〕担保物権がある。これら以外にも〔③〕担保=変則担保=変態担保と呼ばれる担保物権がある。

□ 〔③〕担保が用いられるようになった理由には、目的物を債務者の手元に留められる、譲渡可能な全ての〔④〕権を担保の目的にできる、手数や費用がかからない、などがあげられる。

□ 〔③〕担保を三つに分けると、債権者が債務者から担保目的物の権利を取ってしまう〔⑤〕と買い主に目的物を渡すときにはまだ所有権を与えない〔⑥〕、担保を設定する際には権利をとらない、〔⑦〕がある。

2 (仮登記担保)

□ 〔⑦〕契約は、〔⑧〕の予約、停止条件付き〔⑧〕、〔⑨〕予約のいずれかと仮登記の併用によりなされる。

□ 〔⑦〕の対抗要件は、〔⑩〕である。

□ 他の債権者の競売手続で優先弁済を受けるときの〔⑦〕の被担保債権の範囲は、最後の〔⑪〕年分の利息、遅延損害金のみとなる。

3 (仮登記担保権の実行)

□ 債務者が弁済しないとき、〔⑦〕を実行し

①法定

②約定
③非典型

④財産

⑤譲渡担保
⑥所有権留保
⑦仮登記担保

⑧代物弁済
⑨売買

⑩仮登記

⑪2

て目的物の所有権を取得した〔⑦〕権者が債務の弁済を得ることを，〔⑦〕権の〔⑫〕という。

⑫実行

□ 〔⑧〕予約，〔⑨〕予約の場合は〔⑬〕の意思表示をしたときに，停止条件付〔⑧〕の場合はすぐに，清算額の見積りを通知し，その後〔⑭〕か月たつと所有権移転が成立する。

⑬予約完結

⑭2

□ 〔⑦〕の設定者は，清算金の支払いを受けるまで所有権者の〔⑮〕を請求できる。

⑮受戻

□ 〔⑧〕権者は〔⑯〕価格と〔⑰〕額との差額を設定者に支払う義務がある。

⑯担保目的物
⑰被担保債権

6時間目
補講その2
譲渡担保

▶ここで学ぶこと

```
                    ┌── 譲渡担保の性質
   ┌─────────┐     │
   │ 譲渡担保 │─────┤
   └─────────┘     │
                    └── 譲渡担保の設定と実行
```

❶ ▶ 譲渡担保の性質

●1●
譲渡担保とは

　譲渡担保というのは，債権者が担保の目的である権利を設定者＝債務者・物上保証人から移転させ，被担保債権が弁済されると権利は復帰し，債務不履行になると，確定的に権利が債権者に帰属する担保物権です。

　例を示しましょう。 *実際の取引界で発生し、判例によって確立された制度です*

私が，友人から10万円借りるために金時計を譲渡担保に提供した場合，返済できなければ，友人は確定的に時計の所有権を得，返済できれば，私は時計の所有権を回復します。

　仮登記担保で債務不履行があった場合には，債権者は積極的に行動しなければなりません。
　しかし，**譲渡担保で債務不履行があった場合には，何もしなくても，確定的に権利が債権者に帰属します。**
　他の担保物権より，債権者に有利な担保物権です。
　譲渡担保は，譲渡性のある財産なら何でも担保の目的にすることができます。
　占有を債権者に移転する必要がないので，のれん・顧客・企業全体などを，担保の目的にすることができます。

●2●
譲渡担保と売渡担保

　譲渡担保は担保の目的物の占有を移転しませんが，売渡担保は担保の目的物の占有を移転します（有力説）。

❷ ▶ 譲渡担保の設定と実行

●1●
譲渡担保の設定

譲渡担保設定契約は，債権者と債務者・物上保証人間の諾成・不要式の契約です。

担保を目的とする買戻特約(かいもどしとくやく)・再売買予約付(さいばいばいよやくつき)の売買も，譲渡担保です。

> 買戻期間を定めて売買契約を解除することのできる特約

❖ 対抗要件

譲渡担保の目的が動産の場合は引渡し，不動産なら登記が対抗要件です。

> 普通は占有改定です。意思表示だけで現実の引渡しがあったものとする略式の引渡方法です。

●2●
譲渡担保の効力の範囲

抵当権に関する370条が適用されるので，附合物・従物・従たる権利に譲渡担保の効力が及びます。

●3●
譲渡担保の被担保債権の範囲

仮登記担保や抵当権と違って，後順位担保権者が出現する可能性は少ないので，制限をする必要はないといえます（374条，398条の3参照）。

それゆえ，債権の全額が被担保債権の範囲となります。

●4● 譲渡担保の実行と清算

譲渡担保の実行は，担保の目的物を確定的に取得することです。

形の上ではすでに権利が移転されているので，実行通知と清算によって権利の移転が確定し，設定者が取り戻せなくなることです。

担保の目的物の価額と被担保債権額の差額は，清算されるべきです。

清算方式には2つあります。

処分清算型（しょぶんせいさんがた） 債権者が担保の目的物を第三者に処分して，代金を弁済に充てた後，残額を設定者に交付するという方法

帰属清算型（きぞくせいさんがた） 債権者が担保の目的物を評価し，評価額が被担保債権額を超えた分を設定者に交付し，担保の目的物の所有権を債権者に帰属させるという方法

キオークコーナー 6時間目

[用語チェック]

1 (譲渡担保の性質)

① 譲渡担保

② 売渡担保

□ 債務不履行があった場合に、確実に権利が債権者に帰属する担保物権を、〔①〕といい、担保の目的物の占有を移転しない。〔②〕はその占有を移転するので区別される。

2 (譲渡担保の設定と実行)

③ 引渡し
④ 登記
⑤ 処分清算
⑥ 帰属清算

□ 〔①〕の対抗要件は、その目的が動産の場合は〔③〕、不動産なら〔④〕である。

□ 〔①〕の清算方法には、〔⑤〕型と〔⑥〕型の2種類がある。

7時間目
補講その3
所有権留保

▶ここで学ぶこと

●1●
所有権留保とは

　売買の代金完済前に目的物の占有を買主に移転するが，目的物の所有権を売主に留保することで，代金債権を担保する方法です。

　私が車を月賦で買いました。すぐに乗れるように次の日には引き渡してもらいました。
　代金完済まで車の所有権は売主のままです。
　代金完済すれば車は確定的に私のものになります。
　履行遅滞になれば，売り主は売買契約を解約し車の所有権を確定的に取得します。
　全額をすぐに払う力がなくても，買い主はすぐに目的物を使用できます。
　売り主は所有権を留保しているので，債権を回収できないということがありません。
　車やピアノなどの高額商品の割賦販売に，広く利用されています。

●2● 譲渡担保との違い

所有権留保の場合は，債権者は目的物のもともとの所有者です。

譲渡担保の場合は，債権者は担保のために目的物の所有権その他財産権を取得します。

所有権留保の場合，債権者は対象目的物の販売業者で，主に割賦販売に利用されています。

ただ両方とも，債権者が売買契約を解除して目的物を取り上げてしまう点では共通しています。

●3● 所有権留保の効力

当事者間では，売買契約の効力に準じます。

●4● 実行

買い主＝債務者が履行遅滞になると，売り主＝債権者は売買契約を解除し，原状回復請求権によって目的物の返還を請求します。

売り主＝債権者が代金の一部を受け取っている場合には，損害賠償金・違約金などを差し引いた残額を返還します。

キオークコーナー **7**時間目

[用語チェック]

☐ 所有権留保とは，売買の代金完済前に目的物の〔①〕を買主に移転するものの，その〔②〕を売り主に留保することで代金債権を担保する方法である。譲渡担保の場合は，債権者は担保のために目的物を取得するが，所有権留保の場合は目的物はもともと債権者のものであり，主に〔③〕販売に利用されている。

①占有
②所有権

③割賦

☐ 当事者間では，所有権留保の効力は〔④〕の効力に準じる。

④売買契約

巻末付録

- ●物上保証人
- ●留置権と質権
- ●抵当権と根抵当権
- ●法定地上権
- ●共同抵当
- ●「抵当権設定契約書」の書式例
- ●仮登記担保・譲渡担保・所有権留保

物上保証人

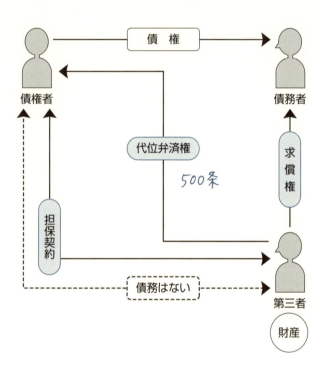

留置権と質権

●留置権●

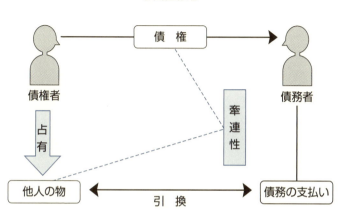

●質 権●

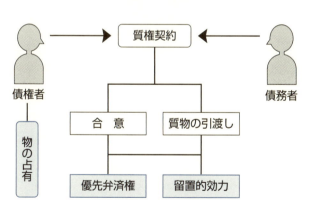

抵当権と根抵当権

●抵当権●

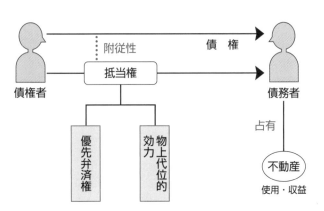

●根抵当権●

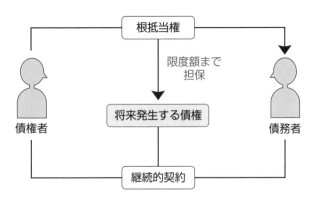

法定地上権

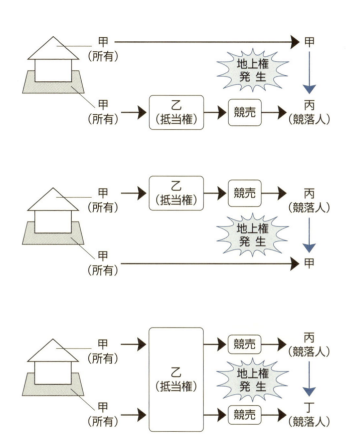

共同抵当

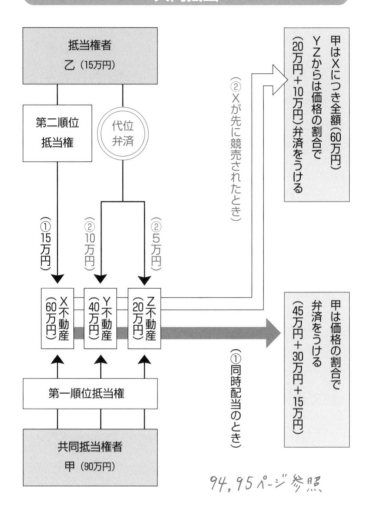

94,95ページ参照。

「抵当権設定契約書」の書式例

抵当権設定契約書

○○○○○○（以下「甲」という。）と○○○○○○（以下「乙」という。）は、次の通り抵当権設定契約を締結する。

第1条　乙は、甲に対し負担する下記記載の借入金債務を有することを確認する。

記
金額　　　　　金○○○○円
借入日　　　　平成○○年○○月○○日
弁済期　　　　平成○○年○○月○○日
利息　　　　　年○○％
遅延損害金　　年○○％

第2条　乙は前条の債務の履行を担保するため、その所有に係る後記不動産（以下「本件不動産」という）の上に順位○番の抵当権を設定する。

以上、本契約成立の証として、本書を二通作成し、甲乙は署名押印のうえ、それぞれ1通を保管する。

平成○○年○○月○○日

（甲）　住所　　　○○県○○市○○○○○
　　　　氏名　　　○○○○○○

（乙）　住所　　　○○県○○市○○○○○
　　　　氏名　　　○○○○○○

不動産の表示
　所在　　　　　　　　　○市○町○丁目
　地番（家屋番号）　　　○○番
　地目（構　造）　　　　宅地
　地積（面　積）　　　　○○平方メートル

仮登記担保・譲渡担保・所有権留保

●仮登記担保●

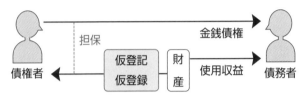

・代物弁済の予約
・停止条件付代物弁済契約

●譲渡担保●

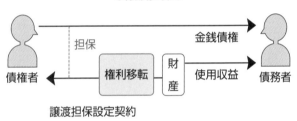

譲渡担保設定契約

●所有権留保●

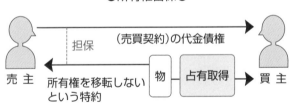

本書関連の法律条文一覧

▷法律名のない条文はすべて民法の条文です。
▷より理解しやすいよう，現代的な表現に書き換えてあります。

第2編　物権 ……………………………………………………………………
第7章　留置権（りゅうち）……………………………………………………

第295条〔留置権の内容〕他人の物の占有者は，その物に関して生じた債権を有するときは，その債権の弁済を受けるまで，その物を留置することができる。ただし，その債権が弁済期にないときは，この限りでない。

❷　前項の規定は，占有が不法行為によって始まった場合には，適用しない。

第296条〔留置権の不可分性〕留置権者は，債権の全部の弁済を受けるまでは，留置物の全部についてその権利を行使することができる。

第297条〔留置権者による果実の収取〕留置権者は，留置物から生ずる果実を収取し，他の債権者に先立って，これを自己の債権の弁済に充当することができる。

❷　前項の果実は，まず債権の利息に充当し，なお残余があるときは元本に充当しなければならない。

第298条〔留置権者による留置物の保管等〕留置権者は，善良な管理者の注意をもって，留置物を占有しなければならない。

❷　留置権者は，債務者の承諾を得なければ，留置物を使用し，賃貸し，又は担保に供することができない。ただし，その物の保存に必要な使用をすることは，この限りでない。

❸　留置権者が前二項の規定に違反したときは，債務者は，留置権の消滅を請求することができる。

第299条〔留置権者による費用の償還請求〕留置権者は，留置物について必要費を支出したときは，所有者にその償還をさせることができる。

❷　留置権者は，留置物について有益費を支出したときは，これによる価格の増加が現存する場合に限り，所有者の選択に従い，その支出した金額又は増価額を償還させることができる。ただし，裁判所は，所有者の請求により，その償還について相当の期限を許与することができる。

第300条〔留置権の行使と債権の消滅時効〕留置権の行使は，債権の消滅時効の進行を妨げない。

第301条〔担保の供与による留置権の消滅〕債務者は，相当の担保を供して，留置権の消滅を請求することができる。

第302条〔占有の喪失による留置権の消滅〕留置権は，留置権者が留置物の占有を失うことによって，消滅する。ただし，第二百九十八条第二項の

規定により留置物を賃貸し，又は質権の目的としたときは，この限りでない。
第8章　先取特権(さきどりとっけん)
第1節　総則
第303条〔先取特権の内容〕先取特権者は，この法律その他の法律の規定に従い，その債務者の財産について，他の債権者に先立って自己の債権の弁済を受ける権利を有する。

第304条〔物上代位〕先取特権は，その目的物の売却，賃貸，滅失又は損傷によって債務者が受けるべき金銭その他の物に対しても，行使することができる。ただし，先取特権者は，その払渡し又は引渡しの前に差押えをしなければならない。

❷　債務者が先取特権の目的物につき設定した物権の対価についても，前項と同様とする。

第305条〔先取特権の不可分性〕第二百九十六条の規定は，先取特権について準用する。

第2節　先取特権(さきどりとっけん)の種類
第1款(かん)　一般の先取特権(さきどりとっけん)
第306条〔一般の先取特権〕次に掲げる原因によって生じた債権を有する者は，債務者の総財産について先取特権を有する。
一　共益の費用
二　雇用関係
三　葬式の費用
四　日用品の供給

第307条〔共益費用の先取特権〕共益の費用の先取特権は，各債権者の共同の利益のためにされた債務者の財産の保存，清算又は配当に関する費用について存在する。

❷　前項の費用のうちすべての債権者に有益でなかったものについては，先取特権は，その費用によって利益を受けた債権者に対してのみ存在する。

第308条〔雇用関係の先取特権〕雇用関係の先取特権は，給料その他債務者と使用人との間の雇用関係に基づいて生じた債権について存在する。

第309条〔葬式費用の先取特権〕葬式の費用の先取特権は，債務者のためにされた葬式の費用のうち相当な額について存在する。

❷　前項の先取特権は，債務者がその扶養すべき親族のためにした葬式の費用のうち相当な額についても存在する。

第310条〔日用品供給の先取特権〕日用品の供給の先取特権は，債務者又はその扶養すべき同居の親族及びその家事使用人の生活に必要な最後の六箇月間の飲食料品，燃料及び電気の供給について存在する。

第2款　動産の先取特権

第311条〔動産の先取特権〕次に掲げる原因によって生じた債権を有する者は，債務者の特定の動産について先取特権を有する。

一　不動産の賃貸借
二　旅館の宿泊
三　旅客又は荷物の運輸
四　動産の保存
五　動産の売買
六　種苗又は肥料〔蚕種又は蚕の飼養に供した桑葉を含む。以下同じ。〕の供給
七　農業の労務
八　工業の労務

第312条〔不動産賃貸の先取特権〕不動産の賃貸の先取特権は，その不動産の賃料その他の賃貸借関係から生じた賃借人の債務に関し，賃借人の動産について存在する。

第313条〔不動産賃貸の先取特権の目的物の範囲〕土地の賃貸人の先取特権は，その土地又はその利用のための建物に備え付けられた動産，その土地の利用に供された動産及び賃借人が占有するその土地の果実について存在する。

❷　建物の賃貸人の先取特権は，賃借人がその建物に備え付けた動産について存在する。第314条：賃借権の譲渡又は転貸の場合には，賃貸人の先取特権は，譲受人又は転借人の動産にも及ぶ。譲渡人又は転貸人が受けるべき金銭についても，同様とする。

第315条〔不動産賃貸の先取特権の被担保債権の範囲〕賃借人の財産のすべてを清算する場合には，賃貸人の先取特権は，前期，当期及び次期の賃料その他の債務並びに前期及び当期に生じた損害の賠償債務についてのみ存在する。

第316条：賃貸人は，敷金を受け取っている場合には，その敷金で弁済を受けない債権の部分についてのみ先取特権を有する。

第317条〔旅館宿泊の先取特権〕旅館の宿泊の先取特権は，宿泊客が負担すべき宿泊料及び飲食料に関し，その旅館に在るその宿泊客の手荷物について存在する。

第318条〔運輸の先取特権〕運輸の先取特権は，旅客又は荷物の運送賃及び付随の費用に関し，運送人の占有する荷物について存在する。

第319条〔即時取得の規定の準用〕第百九十二条から第百九十五条までの規定は，第三百十二条から前条までの規定による先取特権について準用する。

第320条〔動産保存の先取特権〕動産の保存の先取特権は，動産の保存の

ために要した費用又は動産に関する権利の保存，承認若しくは実行のために要した費用に関し，その動産について存在する。

第321条〔動産売買の先取特権〕動産の売買の先取特権は，動産の代価及びその利息に関し，その動産について存在する。

第322条〔種苗又は肥料の供給の先取特権〕種苗又は肥料の供給の先取特権は，種苗又は肥料の代価及びその利息に関し，その種苗又は肥料を用いた後一年以内にこれを用いた土地から生じた果実〔蚕種又は蚕の飼養に供した桑葉の使用によって生じた物を含む。〕について存在する。

第323条〔農業労務の先取特権〕農業の労務の先取特権は，その労務に従事する者の最後の一年間の賃金に関し，その労務によって生じた果実について存在する。

第324条〔工業労務の先取特権〕工業の労務の先取特権は，その労務に従事する者の最後の三箇月間の賃金に関し，その労務によって生じた製作物について存在する。

第3款　不動産の先取特権

第325条〔不動産の先取特権〕次に掲げる原因によって生じた債権を有する者は，債務者の特定の不動産について先取特権を有する。

一　不動産の保存
二　不動産の工事
三　不動産の売買

第326条〔不動産保存の先取特権〕不動産の保存の先取特権は，不動産の保存のために要した費用又は不動産に関する権利の保存，承認若しくは実行のために要した費用に関し，その不動産について存在する。

第327条〔不動産工事の先取特権〕不動産の工事の先取特権は，工事の設計，施工又は監理をする者が債務者の不動産に関してした工事の費用に関し，その不動産について存在する。

❷　前項の先取特権は，工事によって生じた不動産の価格の増加が現存する場合に限り，その増価額についてのみ存在する。

第328条〔不動産売買の先取特権〕不動産の売買の先取特権は，不動産の代価及びその利息に関し，その不動産について存在する。

第3節　先取特権の順位

第329条〔一般の先取特権の順位〕一般の先取特権が互いに競合する場合には，その優先権の順位は，第三百六条各号に掲げる順序に従う。

❷　一般の先取特権と特別の先取特権とが競合する場合には，特別の先取特権は，一般の先取特権に優先する。ただし，共益の費用の先取特権は，その利益を受けたすべての債権者に対して優先する効力を有する。

第330条〔動産の先取特権の順位〕同一の動産について特別の先取特権が互いに競合する場合には、その優先権の順位は、次に掲げる順序に従う。この場合において、第二号に掲げる動産の保存の先取特権について数人の保存者があるときは、後の保存者が前の保存者に優先する。
一　不動産の賃貸、旅館の宿泊及び運輸の先取特権
二　動産の保存の先取特権
三　動産の売買、種苗又は肥料の供給、農業の労務及び工業の労務の先取特権

❷　前項の場合において、第一順位の先取特権者は、その債権取得の時において第二順位又は第三順位の先取特権者があることを知っていたときは、これらの者に対して優先権を行使することができない。第一順位の先取特権者のために物を保存した者に対しても、同様とする。

❸　果実に関しては、第一の順位は農業の労務に従事する者に、第二の順位は種苗又は肥料の供給者に、第三の順位は土地の賃貸人に属する。

第331条〔不動産の先取特権の順位〕同一の不動産について特別の先取特権が互いに競合する場合には、その優先権の順位は、第三百二十五条各号に掲げる順序に従う。

❷　同一の不動産について売買が順次された場合には、売主相互間における不動産売買の先取特権の優先権の順位は、売買の前後による。

第332条〔同一順位の先取特権〕同一の目的物について同一順位の先取特権者が数人あるときは、各先取特権者は、その債権額の割合に応じて弁済を受ける。

第4節　先取特権の効力

第333条〔先取特権と第三取得者〕先取特権は、債務者がその目的である動産をその第三取得者に引き渡した後は、その動産について行使することができない。

第334条〔先取特権と動産質権との競合〕先取特権と動産質権とが競合する場合には、動産質権者は、第三百三十条の規定による第一順位の先取特権者と同一の権利を有する。

第335条〔一般の先取特権の効力〕一般の先取特権者は、まず不動産以外の財産から弁済を受け、なお不足があるのでなければ、不動産から弁済を受けることができない。

❷　一般の先取特権者は、不動産については、まず特別担保の目的とされていないものから弁済を受けなければならない。

❸　一般の先取特権者は、前二項の規定に従って配当に加入することを怠ったときは、その配当加入をしたならば弁済を受けることができた額については、登記をした第三者に対してその先取特権を行使することができない。

❹ 前三項の規定は，不動産以外の財産の代価に先立って不動産の代価を配当し，又は他の不動産の代価に先立って特別担保の目的である不動産の代価を配当する場合には，適用しない。

第336条〔一般の先取特権の対抗力〕一般の先取特権は，不動産について登記をしなくても，特別担保を有しない債権者に対抗することができる。ただし，登記をした第三者に対しては，この限りでない。

第337条〔不動産保存の先取特権の登記〕不動産の保存の先取特権の効力を保存するためには，保存行為が完了した後直ちに登記をしなければならない。

第338条不〔不動産工事の先取特権の登記〕動産の工事の先取特権の効力を保存するためには，工事を始める前にその費用の予算額を登記しなければならない。この場合において，工事の費用が予算額を超えるときは，先取特権は，その超過額については存在しない。

❷ 工事によって生じた不動産の増価額は，配当加入の時に，裁判所が選任した鑑定人に評価させなければならない。

第339条〔登記をした不動産保存又は不動産工事の先取特権〕前二条の規定に従って登記をした先取特権は，抵当権に先立って行使することができる。

第340条〔不動産売買の先取特権の登記〕不動産の売買の先取特権の効力を保存するためには，売買契約と同時に，不動産の代価又はその利息の弁済がされていない旨を登記しなければならない。

第341条〔抵当権に関する規定の準用〕先取特権の効力については，この節に定めるもののほか，その性質に反しない限り，抵当権に関する規定を準用する。

第9章　質権(しちけん)
第1節　総則
第342条〔質権の内容〕質権者は，その債権の担保として債務者又は第三者から受け取った物を占有し，かつ，その物について他の債権者に先立って自己の債権の弁済を受ける権利を有する。

第343条〔質権の目的〕質権は，譲り渡すことができない物をその目的とすることができない。

第344条〔質権の設定〕質権の設定は，債権者にその目的物を引き渡すことによって，その効力を生ずる。

第345条〔質権設定者による代理占有の禁止〕質権者は，質権設定者に，自己に代わって質物の占有をさせることができない。

第346条〔質権の被担保債権の範囲〕質権は，元本，利息，違約金，質権の実行の費用，質物の保存の費用及び債務の不履行又は質物の隠れた瑕疵

によって生じた損害の賠償を担保する。ただし，設定行為に別段の定めがあるときは，この限りでない。

第347条〔質物の留置〕質権者は，前条に規定する債権の弁済を受けるまでは，質物を留置することができる。ただし，この権利は，自己に対して優先権を有する債権者に対抗することができない。

第348条〔転質〕質権者は，その権利の存続期間内において，自己の責任で，質物について，転質をすることができる。この場合において，転質をしたことによって生じた損失については，不可抗力によるものであっても，その責任を負う。

第349条〔契約による質物の処分の禁止〕質権設定者は，設定行為又は債務の弁済期前の契約において，質権者に弁済として質物の所有権を取得させ，その他法律に定める方法によらないで質物を処分させることを約することができない。

第350条〔留置権及び先取特権の規定の準用〕第二百九十六条から第三百条まで及び第三百四条の規定は，質権について準用する。

第351条〔物上保証人の求償権〕他人の債務を担保するため質権を設定した者は，その債務を弁済し，又は質権の実行によって質物の所有権を失ったときは，保証債務に関する規定に従い，債務者に対して求償権を有する。

第2節 動産質

第352条〔動産質の対抗要件〕動産質権者は，継続して質物を占有しなければ，その質権をもって第三者に対抗することができない。

第353条〔質物の占有の回復〕動産質権者は，質物の占有を奪われたときは，占有回収の訴えによってのみ，その質物を回復することができる。

第354条〔動産質権の実行〕動産質権者は，その債権の弁済を受けないときは，正当な理由がある場合に限り，鑑定人の評価に従い質物をもって直ちに弁済に充てることを裁判所に請求することができる。この場合において，動産質権者は，あらかじめ，その請求をする旨を債務者に通知しなければならない。

第355条〔動産質権の順位〕同一の動産について数個の質権が設定されたときは，その質権の順位は，設定の前後による。

第3節 不動産質

第356条〔不動産質権者による使用及び収益〕不動産質権者は，質権の目的である不動産の用法に従い，その使用及び収益をすることができる。

第357条〔不動産質権者による管理の費用等の負担〕不動産質権者は，管理の費用を支払い，その他不動産に関する負担を負う。

第358条〔不動産質権者による利息の請求の禁止〕不動産質権者は，その

債権の利息を請求することができない。

第359条〔設定行為に別段の定めがある場合等〕前三条の規定は，設定行為に別段の定めがあるとき，又は担保不動産収益執行（民事執行法（昭和五十四年法律第四号）第百八十条第二号に規定する担保不動産収益執行をいう。以下同じ。）の開始があったときは，適用しない。

第360条〔不動産質権の存続期間〕不動産質権の存続期間は，十年を超えることができない。設定行為でこれより長い期間を定めたときであっても，その期間は，十年とする。

❷ 不動産質権の設定は，更新することができる。ただし，その存続期間は，更新の時から十年を超えることができない。

第361条〔抵当権の規定の準用〕不動産質権については，この節に定めるもののほか，その性質に反しない限り，次章（抵当権）の規定を準用する。

第4節 権利質

第362条〔権利質の目的等〕質権は，財産権をその目的とすることができる。

❷ 前項の質権については，この節に定めるもののほか，その性質に反しない限り，前三節（総則，動産質及び不動産質）の規定を準用する。

第363条〔債権質の設定〕債権であってこれを譲り渡すにはその証書を交付することを要するものを質権の目的とするときは，質権の設定は，その証書を交付することによって，その効力を生ずる。

第364条〔指名債権を目的とする質権の対抗要件〕指名債権を質権の目的としたときは，第四百六十七条の規定に従い，第三債務者に質権の設定を通知し，又は第三債務者がこれを承諾しなければ，これをもって第三債務者その他の第三者に対抗することができない。第365条〔指図債権を目的とする質権の対抗要件〕指図債権を質権の目的としたときは，その証書に質権の設定の裏書をしなければ，これをもって第三者に対抗することができない。

第366条〔質権者による債権の取立て等〕質権者は，質権の目的である債権を直接に取り立てることができる。

❷ 債権の目的物が金銭であるときは，質権者は，自己の債権額に対応する部分に限り，これを取り立てることができる。

❸ 前項の債権の弁済期が質権者の債権の弁済期前に到来したときは，質権者は，第三債務者にその弁済をすべき金額を供託させることができる。この場合において，質権は，その供託金について存在する。

❹ 債権の目的物が金銭でないときは，質権者は，弁済として受けた物について質権を有する。

第367条および第368条 削除

第10章　抵当権(ていとうけん) ……………………………………………………

第1節　総則

第369条〔抵当権の内容〕抵当権者は，債務者又は第三者が占有を移転しないで債務の担保に供した不動産について，他の債権者に先立って自己の債権の弁済を受ける権利を有する。

❷　地上権及び永小作権も，抵当権の目的とすることができる。この場合においては，この章の規定を準用する。

第370条〔抵当権の効力の及ぶ範囲〕抵当権は，抵当地の上に存する建物を除き，その目的である不動産（以下「抵当不動産」という。）に付加して一体となっている物に及ぶ。ただし，設定行為に別段の定めがある場合及び第四百二十四条の規定により債権者が債務者の行為を取り消すことができる場合は，この限りでない。

第371条：抵当権は，その担保する債権について不履行があったときは，その後に生じた抵当不動産の果実に及ぶ。

第372条〔留置権等の規定の準用〕第二百九十六条，第三百四条及び第三百五十一条の規定は，抵当権について準用する。

第2節　抵当権の効力(ていとうけん)

第373条〔抵当権の順位〕同一の不動産について数個の抵当権が設定されたときは，その抵当権の順位は，登記の前後による。

第374条〔抵当権の順位の変更〕抵当権の順位は，各抵当権者の合意によって変更することができる。ただし，利害関係を有する者があるときは，その承諾を得なければならない。

❷　前項の規定による順位の変更は，その登記をしなければ，その効力を生じない。

第375条〔抵当権の被担保債権の範囲〕抵当権者は，利息その他の定期金を請求する権利を有するときは，その満期となった最後の二年分についてのみ，その抵当権を行使することができる。ただし，それ以前の定期金についても，満期後に特別の登記をしたときは，その登記の時からその抵当権を行使することを妨げない。

❷　前項の規定は，抵当権者が債務の不履行によって生じた損害の賠償を請求する権利を有する場合におけるその最後の二年分についても適用する。ただし，利息その他の定期金と通算して二年分を超えることができない。

第376条〔抵当権の処分〕抵当権者は，その抵当権を他の債権の担保とし，又は同一の債務者に対する他の債権者の利益のためにその抵当権若しくはその順位を譲渡し，若しくは放棄することができる。

❷　前項の場合において，抵当権者が数人のためにその抵当権の処分をしたときは，その処分の利益を受ける者の権利の順位は，抵当権の登記にし

た付記の前後による。

第377条〔抵当権の処分の対抗要件〕前条の場合には，第四百六十七条の規定に従い，主たる債務者に抵当権の処分を通知し，又は主たる債務者がこれを承諾しなければ，これをもって主たる債務者，保証人，抵当権設定者及びこれらの者の承継人に対抗することができない。

❷ 主たる債務者が前項の規定により通知を受け，又は承諾をしたときは，抵当権の処分の利益を受ける者の承諾を得ないでした弁済は，その受益者に対抗することができない。第378条〔代価弁済〕抵当不動産について所有権又は地上権を買い受けた第三者が，抵当権者の請求に応じてその抵当権者にその代価を弁済したときは，抵当権は，その第三者のために消滅する。

第379条〔抵当権消滅請求〕抵当不動産の第三取得者は，第三百八十三条の定めるところにより，抵当権消滅請求をすることができる。

第380条：主たる債務者，保証人及びこれらの者の承継人は，抵当権消滅請求をすることができない。

第381条：抵当不動産の停止条件付第三取得者は，その停止条件の成否が未定である間は，抵当権消滅請求をすることができない。

第382条〔抵当権消滅請求の時期〕抵当不動産の第三取得者は，抵当権の実行としての競売による差押えの効力が発生する前に，抵当権消滅請求をしなければならない。

第383条〔抵当権消滅請求の手続〕抵当不動産の第三取得者は，抵当権消滅請求をするときは，登記をした各債権者に対し，次に掲げる書面を送付しなければならない。

一 取得の原因及び年月日，譲渡人及び取得者の氏名及び住所並びに抵当不動産の性質，所在及び代価その他取得者の負担を記載した書面
二 抵当不動産に関する登記事項証明書（現に効力を有する登記事項のすべてを証明したものに限る。）
三 債権者が二箇月以内に抵当権を実行して競売の申立てをしないときは，抵当不動産の第三取得者が第一号に規定する代価又は特に指定した金額を債権の順位に従って弁済し又は供託すべき旨を記載した書面

第384条〔債権者のみなし承諾〕次に掲げる場合には，前条各号に掲げる書面の送付を受けた債権者は，抵当不動産の第三取得者が同条第三号に掲げる書面に記載したところにより提供した同号の代価又は金額を承諾したものとみなす。

一 その債権者が前条各号に掲げる書面の送付を受けた後二箇月以内に抵当権を実行して競売の申立てをしないとき。
二 その債権者が前号の申立てを取り下げたとき。
三 第一号の申立てを却下する旨の決定が確定したとき。

四　第一号の申立てに基づく競売の手続を取り消す旨の決定（民事執行法第百八十八条において準用する同法第六十三条第三項若しくは第六十八条の三第三項の規定又は同法第百八十三条第一項第五号の謄本が提出された場合における同条第二項の規定による決定を除く。）が確定したとき。

第385条〔競売の申立ての通知〕第三百八十三条各号に掲げる書面の送付を受けた債権者は，前条第一号の申立てをするときは，同号の期間内に，債務者及び抵当不動産の譲渡人にその旨を通知しなければならない。

第386条〔抵当権消滅請求の効果〕登記をしたすべての債権者が抵当不動産の第三取得者の提供した代価又は金額を承諾し，かつ，抵当不動産の第三取得者がその承諾を得た代価又は金額を払い渡し又は供託したときは，抵当権は，消滅する。

第387条〔抵当権者の同意の登記がある場合の賃貸借の対抗力〕登記をした賃貸借は，その登記前に登記をした抵当権を有するすべての者が同意をし，かつ，その同意の登記があるときは，その同意をした抵当権者に対抗することができる。

❷　抵当権者が前項の同意をするには，その抵当権を目的とする権利を有する者その他抵当権者の同意によって不利益を受けるべき者の承諾を得なければならない。

第388条〔法定地上権〕土地及びその上に存する建物が同一の所有者に属する場合において，その土地又は建物につき抵当権が設定され，その実行により所有者を異にするに至ったときは，その建物について，地上権が設定されたものとみなす。この場合において，地代は，当事者の請求により，裁判所が定める。

第389条〔抵当地の上の建物の競売〕抵当権の設定後に抵当地に建物が築造されたときは，抵当権者は，土地とともにその建物を競売することができる。ただし，その優先権は，土地の代価についてのみ行使することができる。

❷　前項の規定は，その建物の所有者が抵当地を占有するについて抵当権者に対抗することができる権利を有する場合には，適用しない。

第390条〔抵当不動産の第三取得者による買受け〕抵当不動産の第三取得者は，その競売において買受人となることができる。

第391条〔抵当不動産の第三取得者による費用の償還請求〕抵当不動産の第三取得者は，抵当不動産について必要費又は有益費を支出したときは，第百九十六条の区別に従い，抵当不動産の代価から，他の債権者より先にその償還を受けることができる。

第392条〔共同抵当における代価の配当〕債権者が同一の債権の担保として数個の不動産につき抵当権を有する場合において，同時にその代価を配

当すべきときは，その各不動産の価額に応じて，その債権の負担を按分する。

❷ 債権者が同一の債権の担保として数個の不動産につき抵当権を有する場合において，ある不動産の代価のみを配当すべきときは，抵当権者は，その代価から債権の全部の弁済を受けることができる。この場合において，次順位の抵当権者は，その弁済を受ける抵当権者が前項の規定に従い他の不動産の代価から弁済を受けるべき金額を限度として，その抵当権者に代位して抵当権を行使することができる。

第393条〔共同抵当における代位の付記登記〕前条第二項後段の規定により代位によって抵当権を行使する者は，その抵当権の登記にその代位を付記することができる。

第394条〔抵当不動産以外の財産からの弁済〕抵当権者は，抵当不動産の代価から弁済を受けない債権の部分についてのみ，他の財産から弁済を受けることができる。

❷ 前項の規定は，抵当不動産の代価に先立って他の財産の代価を配当すべき場合には，適用しない。この場合において，他の各債権者は，抵当権者に同項の規定による弁済を受けさせるため，抵当権者に配当すべき金額の供託を請求することができる。

第395条〔抵当建物使用者の引渡しの猶予〕抵当権者に対抗することができない賃貸借により抵当権の目的である建物の使用又は収益をする者であって次に掲げるもの（次項において「抵当建物使用者」という。）は，その建物の競売における買受人の買受けの時から六箇月を経過するまでは，その建物を買受人に引き渡すことを要しない。

一　競売手続の開始前から使用又は収益をする者
二　強制管理又は担保不動産収益執行の管理人が競売手続の開始後にした賃貸借により使用又は収益をする者

❷ 前項の規定は，買受人の買受けの時より後に同項の建物の使用をしたことの対価について，買受人が抵当建物使用者に対し相当の期間を定めてその一箇月分以上の支払の催告をし，その相当の期間内に履行がない場合には，適用しない。

第3節　抵当権の消滅

第396条〔抵当権の消滅時効〕抵当権は，債務者及び抵当権設定者に対しては，その担保する債権と同時でなければ，時効によって消滅しない。

第397条〔抵当不動産の時効取得による抵当権の消滅〕債務者又は抵当権設定者でない者が抵当不動産について取得時効に必要な要件を具備する占有をしたときは，抵当権は，これによって消滅する。

第398条〔抵当権の目的である地上権等の放棄〕地上権又は永小作権を抵

当権の目的とした地上権又は永小作人は，その権利を放棄しても，これをもって抵当権者に対抗することができない。

第4節　根抵当（ねていとう）

第398条の2〔根抵当権〕抵当権は，設定行為で定めるところにより，一定の範囲に属する不特定の債権を極度額の限度において担保するためにも設定することができる。

❷　前項の規定による抵当権（以下「根抵当権」という。）の担保すべき不特定の債権の範囲は，債務者との特定の継続的取引契約によって生ずるものその他債務者との一定の種類の取引によって生ずるものに限定して，定めなければならない。

❸　特定の原因に基づいて債務者との間に継続して生ずる債権又は手形上若しくは小切手上の請求権は，前項の規定にかかわらず，根抵当権の担保すべき債権とすることができる。

第398条の3〔根抵当権の被担保債権の範囲〕根抵当権者は，確定した元本並びに利息その他の定期金及び債務の不履行によって生じた損害の賠償の全部について，極度額を限度として，その根抵当権を行使することができる。

❷　債務者との取引によらないで取得する手形上又は小切手上の請求権を根抵当権の担保すべき債権とした場合において，次に掲げる事由があったときは，その前に取得したものについてのみ，その根抵当権を行使することができる。ただし，その後に取得したものであっても，その事由を知らないで取得したものについては，これを行使することを妨げない。

一　債務者の支払の停止
二　債務者についての破産手続開始，再生手続開始，更生手続開始又は特別清算開始の申立て
三　抵当不動産に対する競売の申立て又は滞納処分による差押え

第398条の4〔根抵当権の被担保債権の範囲及び債務者の変更〕元本の確定前においては，根抵当権の担保すべき債権の範囲の変更をすることができる。債務者の変更についても，同様とする。

❷　前項の変更をするには，後順位の抵当権者その他の第三者の承諾を得ることを要しない。

❸　第一項の変更について元本の確定前に登記をしなかったときは，その変更をしなかったものとみなす。

第398条の5〔根抵当権の極度額の変更〕根抵当権の極度額の変更は，利害関係を有する者の承諾を得なければ，することができない。

第398条の6〔根抵当権の元本確定期日の定め〕根抵当権の担保すべき元本については，その確定すべき期日を定め又は変更することができる。

❷第三百九十八条の四第二項の規定は，前項の場合について準用する。
❸第一項の期日は，これを定め又は変更した日から五年以内でなければならない。
❹　第一項の期日の変更についてその変更前の期日より前に登記をしなかったときは，担保すべき元本は，その変更前の期日に確定する。
第398条の7〔根抵当権の被担保債権の譲渡等〕元本の確定前に根抵当権者から債権を取得した者は，その債権について根抵当権を行使することができない。元本の確定前に債務者のために又は債務者に代わって弁済をした者も，同様とする。
❷　元本の確定前に債務の引受けがあったときは，根抵当権者は，引受人の債務について，その根抵当権を行使することができない。
❸　元本の確定前に債権者又は債務者の交替による更改があったときは，その当事者は，第五百十八条の規定にかかわらず，根抵当権を更改後の債務に移すことができない。
第398条の8〔根抵当権者又は債務者の相続〕元本の確定前に根抵当権者について相続が開始したときは，根抵当権は，相続開始の時に存する債権のほか，相続人と根抵当権設定者との合意により定めた相続人が相続の開始後に取得する債権を担保する。
❷　元本の確定前にその債務者について相続が開始したときは，根抵当権は，相続開始の時に存する債務のほか，根抵当権者と根抵当権設定者との合意により定めた相続人が相続の開始後に負担する債務を担保する。
❸　第三百九十八条の四第二項の規定は，前二項の合意をする場合について準用する。
❹　第一項及び第二項の合意について相続の開始後六箇月以内に登記をしないときは，担保すべき元本は，相続開始の時に確定したものとみなす。
第398条の9〔根抵当権者又は債務者の合併〕元本の確定前に根抵当権者について合併があったときは，根抵当権は，合併の時に存する債権のほか，合併後存続する法人又は合併によって設立された法人が合併後に取得する債権を担保する。
❷　元本の確定前にその債務者について合併があったときは，根抵当権は，合併の時に存する債務のほか，合併後存続する法人又は合併によって設立された法人が合併後に負担する債務を担保する。
❸　前二項の場合には，根抵当権設定者は，担保すべき元本の確定を請求することができる。ただし，前項の場合において，その債務者が根抵当権設定者であるときは，この限りでない。
❹　前項の規定による請求があったときは，担保すべき元本は，合併の時に確定したものとみなす。
❺　第三項の規定による請求は，根抵当権設定者が合併のあったことを知っ

た日から二週間を経過したときは、することができない。合併の日から一箇月を経過したときも、同様とする。

第398条の10〔根抵当権者又は債務者の会社分割〕元本の確定前に根抵当権者を分割をする会社とする分割があったときは、根抵当権は、分割の時に存する債権のほか、分割をした会社及び分割により設立された会社又は当該分割をした会社がその事業に関して有する権利義務の全部又は一部を当該会社から承継した会社が分割後に取得する債権を担保する。

❷ 元本の確定前にその債務者を分割をする会社とする分割があったときは、根抵当権は、分割の時に存する債務のほか、分割をした会社及び分割により設立された会社又は当該分割をした会社がその事業に関して有する権利義務の全部又は一部を当該会社から承継した会社が分割後に負担する債務を担保する。

❸ 前条第三項から第五項までの規定は、前二項の場合について準用する。

第398条の11〔根抵当権の処分〕元本の確定前においては、根抵当権者は、第三百七十六条第一項の規定による根抵当権の処分をすることができない。ただし、その根抵当権を他の債権の担保とすることを妨げない。

❷ 第三百七十七条第二項の規定は、前項ただし書の場合において元本の確定前にした弁済については、適用しない。

第398条の12〔根抵当権の譲渡〕元本の確定前においては、根抵当権者は、根抵当権設定者の承諾を得て、その根抵当権を譲り渡すことができる。

❷ 根抵当権者は、その根抵当権を二個の根抵当権に分割して、その一方を前項の規定により譲り渡すことができる。この場合において、その根抵当権を目的とする権利は、譲り渡した根抵当権について消滅する。

❸ 前項の規定による譲渡をするには、その根抵当権を目的とする権利を有する者の承諾を得なければならない。

第398条の13〔根抵当権の一部譲渡〕元本の確定前においては、根抵当権者は、根抵当権設定者の承諾を得て、その根抵当権の一部譲渡（譲渡人が譲受人と根抵当権を共有するため、これを分割しないで譲り渡すことをいう。以下この節において同じ。）をすることができる。

第398条の14〔根抵当権の共有〕根抵当権の共有者は、それぞれその債権額の割合に応じて弁済を受ける。ただし、元本の確定前に、これと異なる割合を定め、又はある者が他の者に先立って弁済を受けるべきことを定めたときは、その定めに従う。

❷ 根抵当権の共有者は、他の共有者の同意を得て、第三百九十八条の十二第一項の規定によりその権利を譲り渡すことができる。

第398条の15〔抵当権の順位の譲渡又は放棄と根抵当権の譲渡又は一部譲渡〕抵当権の順位の譲渡又は放棄を受けた根抵当権者が、その根抵当権の譲渡又は一部譲渡をしたときは、譲受人は、その順位の譲渡又は放棄の

利益を受ける。

第 398 条の 16 〔共同根抵当〕第三百九十二条及び第三百九十三条の規定は，根抵当権については，その設定と同時に同一の債権の担保として数個の不動産につき根抵当権が設定された旨の登記をした場合に限り，適用する。

第 398 条の 17 〔共同根抵当の変更等〕前条の登記がされている根抵当権の担保すべき債権の範囲，債務者若しくは極度額の変更又はその譲渡若しくは一部譲渡は，その根抵当権が設定されているすべての不動産について登記をしなければ，その効力を生じない。

❷　前条の登記がされている根抵当権の担保すべき元本は，一個の不動産についてのみ確定すべき事由が生じた場合においても，確定する。

第 398 条の 18 〔累積根抵当〕数個の不動産につき根抵当権を有する者は，第三百九十八条の十六の場合を除き，各不動産の代価について，各極度額に至るまで優先権を行使することができる。

第 398 条の 19 〔根抵当権の元本の確定請求〕根抵当権設定者は，根抵当権の設定の時から三年を経過したときは，担保すべき元本の確定を請求することができる。この場合において，担保すべき元本は，その請求の時から二週間を経過することによって確定する。

❷　根抵当権者は，いつでも，担保すべき元本の確定を請求することができる。この場合において，担保すべき元本は，その請求の時に確定する。

❸　前二項の規定は，担保すべき元本の確定すべき期日の定めがあるときは，適用しない。

第 398 条の 20 〔根抵当権の元本の確定事由〕次に掲げる場合には，根抵当権の担保すべき元本は，確定する。

一　根抵当権者が抵当不動産について競売若しくは担保不動産収益執行又は第三百七十二条において準用する第三百四条の規定による差押えを申し立てたとき。ただし，競売手続若しくは担保不動産収益執行手続の開始又は差押えがあったときに限る。

二　根抵当権者が抵当不動産に対して滞納処分による差押えをしたとき。

三　根抵当権者が抵当不動産に対する競売手続の開始又は滞納処分による差押えがあったことを知った時から二週間を経過したとき。

四　債務者又は根抵当権設定者が破産手続開始の決定を受けたとき。

❷　前項第三号の競売手続の開始若しくは差押え又は同項第四号の破産手続開始の決定の効力が消滅したときは，担保すべき元本は，確定しなかったものとみなす。ただし，元本が確定したものとしてその根抵当権又はこれを目的とする権利を取得した者があるときは，この限りでない。

第 398 条の 21 〔根抵当権の極度額の減額請求〕元本の確定後においては，根抵当権設定者は，その根抵当権の極度額を，現に存する債務の額と以後

二年間に生ずべき利息その他の定期金及び債務の不履行による損害賠償の額とを加えた額に減額することを請求することができる。

❷　第三百九十八条の十六の登記がされている根抵当権の極度額の減額については，前項の規定による請求は，そのうちの一個の不動産についてすれば足りる。

第 398 条の 22〔根抵当権の消滅請求〕元本の確定後において現に存する債務の額が根抵当権の極度額を超えるときは，他人の債務を担保するためその根抵当権を設定した者又は抵当不動産について所有権，地上権，永小作権若しくは第三者に対抗することができる賃借権を取得した第三者は，その極度額に相当する金額を払い渡し又は供託して，その根抵当権の消滅請求をすることができる。この場合において，その払渡し又は供託は，弁済の効力を有する。

❷　第三百九十八条の十六の登記がされている根抵当権は，一個の不動産について前項の消滅請求があったときは，消滅する。

❸　第三百八十条及び第三百八十一条の規定は，第一項の消滅請求について準用する。

さくいん

あ

明渡し猶予制度————80
異時配当と同時配当————95
受戻————114

か

買戻特約————119
確定期日————97
仮登記担保————111
仮登記担保権者の清算義務 114
仮登記担保の実行————113
仮登記担保の設定————111
仮登記担保の対抗要件————112
仮登記担保の被担保債権の範囲————112
企業担保————102
求償————51
供託————61
共同抵当権————94
共同抵当権の効力————95
共同抵当権の設定————94
極度額————96・97
競売————74
権利質————58

さ

債権質————58
債権質の効力————60
債権質の対抗要件————59
債権者平等の原則————30
債権と目的物の牽連性————25
財団抵当————102

再売買予約付の売買————119
先取特権————30
　一般の先取特権————33
　一般の先取特権の特別効力————43
　運輸の先取特権————36
　共益費用の先取特権————33
　雇用関係の先取特権————34
　種苗・肥料供給の先取特権————38
　葬式費用の先取特権————34
　動産の先取特権————35
　動産の先取特権の順位————41
　動産売買の先取特権————37
　動産保存の先取特権————37
　特別法上の先取特権————40
　日用品供給の先取特権————35
　農工業労役の先取特権————38
　不動産工事の先取特権————40
　不動産賃貸の先取特権————35
　不動産の先取特権————39
　不動産の先取特権の特別効力————44
　不動産売買の先取特権————40
　不動産保存の先取特権————39
　旅館宿泊の先取特権————36
先取特権の順位————41
先取特権の消滅————44
先取特権の性質————31
先取特権の類型————32
先取特権と他の担保物権の関係————42
質権————48

質権と抵当権	49
質権の効力	53
質権の種類	50
質権の性質	48
従物	70
承諾転質	54
譲渡担保	109・118
譲渡担保と売渡担保	118
譲渡担保の実行と清算	120
譲渡担保の清算方式	120
譲渡担保の設定と対抗要件	119
所有権留保	110・124
所有権留保と譲渡担保との違い	125
人的担保と物的担保	15
随伴性	20
責任転質	54・55

た

代価弁済	81
代物弁済の予約	111
諾成契約	67
担保	14
担保物権	15
担保物権の効力	20
担保物権の収益的効力	20
担保物権の種類	16
所有権移転型担保物権	15
制限物権型担保物権	15
担保物権の性質	20
担保物権の分類	15
法定担保物権と約定担保物権	15
担保物権の優先弁済的効力	20
担保物権の留置的効力	20
担保不動産競売手続	75
担保不動産収益執行手続	76
停止条件付代物弁済	111
抵当権	66・77
抵当権実行の要件	75
抵当権者	66
抵当権者の同意制度	80
抵当権消滅請求	82
抵当権設定者	17・66
特別法上の抵当権	100
抵当権と他の債権や担保物権との競合	74
抵当権と用益権との関係	78
抵当権の効力	69
抵当権の効力が及ぶ目的物の範囲	70
抵当権の効力と果実	71
抵当権の効力と従たる権利	71
抵当権の順位の譲渡	90
抵当権の順位の変更	92
抵当権の順位の放棄	90
抵当権の譲渡	88
抵当権の消滅	93
抵当権の消滅（消滅時効と時効取得）	93
抵当権の処分	86
抵当権の侵害	84
抵当権の対抗要件	68
抵当権の物上代位の対象	72
抵当権の放棄	89
抵当権の優先弁済的効力	74
抵当権の利息の制限	69
抵当証券	102
抵当不動産	17
抵当不動産の第三取得者	81
転質	54
転抵当	87

転根抵当	98
当座貸越契約	96
動産質	51
動産質の効力の範囲	53
動産質の対抗要件	53
動産抵当	101

な

根質	52
根抵当	96
確定前の根抵当の処分	98
根抵当権の一部譲渡と分割譲渡	98
根抵当権の確定	99
根抵当権の元本確定の効果	99
根抵当権の設定	97
根抵当権の対抗要件	97
根抵当権の被担保債権の範囲	97
根抵当権の変更	98

は

売買予約	111
被担保債権	17・52
非典型担保	108
附加一体物	70
不可分性	21
附合物	70
附従性	20
物上代位	31・71
物上代位の要件	73
物上保証人	17・66
不動産質	56
不動産質権の内容	57
法定地上権	77
法定地上権の成立要件	77

や

要物契約	52

ら

留置権	24
留置権と同時履行の抗弁権	24
留置権の効力	26
留置権の消滅	27
留置権の性質	24
留置権の成立要件	25
立木抵当	100

著者プロフィール

尾崎哲夫(Ozaki Tetsuo)

1953年大阪生まれ。1976年早稲田大学法学部卒業。2000年早稲田大学大学院アジア太平洋研究科国際関係専攻修了。2008年米国ルイス・アンド・クラーク法科大学院留学。
松下電送機器㈱勤務,関西外国語大学短期大学部教授,近畿大学教授を経て,現在研究・執筆中。
主な著書に,「ビジネスマンの基礎英語」(日経文庫)「海外個人旅行のススメ」「海外個人旅行のヒケツ」(朝日新聞社)「大人のための英語勉強法」(PHP文庫)「私の英単語帳を公開します!」(幻冬舎)「コンパクト法律用語辞典」「法律英語用語辞典」「条文ガイド六法 会社法」「法律英語入門」「アメリカの法律と歴史」「アメリカ市民の法律入門 (翻訳)」「はじめての民法総則」「はじめての会社法」「はじめての知的財産法」「はじめての行政法」「はじめての労働法」「国際商取引法入門」(自由国民社) 他多数がある。
[Blog] http://tetsuoozaki.blogspot.com/
[E-Mail] ted.ozaki@gmail.com
[Web] http://www.ozaki.to

About the Author

Ozaki Tetsuo, born in Japan in 1953, was a professor at Kinki University.
Graduating from Waseda University at Law Department in April 1976, he was hired as an office worker at Matsushitadenso (Panasonic group). He graduated from graduate school of Asia-Pacific Studies at Waseda University in 2000. He studied abroad at Lewis & Clark Law school in the United States in 2008. Prior to becoming a professor at Kinki University he was a professor at Kansaigaikokugo college (from April 2001 to September 2004).
He has been publishing over two hundred books including,
A Dictionary of English Legal Terminology, Tokyo : Jiyukokuminsha, 2003
The Law and History of America, Tokyo : Jiyukokuminsha, 2004
An introduction to legal English, Tokyo : Jiyukokuminsha, 2003
English Study Method for Adults, Tokyo : PHP, 2001
The Dictionary to learn Legal Terminology, Tokyo : Jiyukokuminsha, 2002
The first step of Legal seminar series (over 20 books series), Tokyo : Jiyukokuminsha, 1997〜
The Fundamental English for business person, Tokyo : Nihonkeizaishinbunsha (Nikkei), 1994
The Recommendation of Individual Foreign Travel, Tokyo : Asahishinbunsha, 1999
The Key to Individual Foreign Travel, Tokyo : Asahishinbunsha, 2000
Master in TOEIC test, Tokyo : PHP, 2001
Basic English half an hour a day, Tokyo : Kadokawashoten, 2002
I show you my studying notebook of English words, Tokyo : Gentosha, 2004

American Legal Cinema and English, Tokyo : Jiyukokuminsha, 2005, and other lots of books.
He has also translated the following book.
Feinman, Jay, *LAW 101 Everything you need to know about the American Legal System,* England : Oxford University Press, 2000
＊These book titles translated in English. The original titles are published in Japanese language.

[3日でわかる法律入門]

はじめての担保物権
<small>たんぽぶっけん</small>

1998年3月2日　初版発行
2018年4月20日　第8版第1刷発行

著　者──尾崎哲夫
発行者──伊藤　滋
印刷所──横山印刷株式会社
製本所──新風製本株式会社
発行所──株式会社**自由国民社**

〒171-0033　東京都豊島区高田3−10−11
TEL 03(6233)0781(代)　振替 00100-6-189009
http://www.jiyu.co.jp/

Ⓒ2018　Tetsuo Ozaki　Printed in Japan.
落丁本・乱丁本はお取り替えいたします。

自由国民社　出版案内

尾崎哲夫・著
【3日でわかる法律入門】

はじめての憲法総論・人権	定価1200円＋税
はじめての憲法統治	定価1200円＋税
はじめての民法総則	定価1200円＋税
はじめての物権法	定価1300円＋税
はじめての担保物権	定価1200円＋税
はじめての債権総論	定価1200円＋税
はじめての債権各論	定価1200円＋税
はじめての親族相続	定価1300円＋税
はじめての刑法総論	定価1200円＋税
はじめての刑法各論	定価1200円＋税
はじめての商法総則・商行為	定価1200円＋税
はじめての会社法	定価1200円＋税
はじめての民事訴訟法	定価1200円＋税
はじめての刑事訴訟法	定価1200円＋税
はじめての行政法	定価1400円＋税
はじめての労働法	定価1400円＋税
はじめての破産法	定価1400円＋税
はじめての知的財産法	定価1400円＋税
はじめての国際法	定価1500円＋税

（定価は2018年3月現在のものです）

自由国民社　出版案内

新しい時代の法律入門
【尾崎哲夫の本】

特色

① 平易な解説で初めて学ぶ人にも読みやすい
② 豊富な文例により「生きた法律知識」が身につく
③ タイムリーな知識も幅広く収録した充実の内容
④ 基礎から応用まで，幅広いニーズに対応

本書とあわせて学習に・実務にご利用ください。
これからの必須知識を学ぶシリーズです。

コンパクト法律用語辞典	定価2000円＋税
法律英語用語辞典	定価4500円＋税
はじめての国際商取引法	定価2500円＋税
はじめての六法	定価1900円＋税
はじめての民法	定価1700円＋税

（定価は2018年3月現在のものです）

自由国民社　出版案内

最もわかりやすい法律書
【イラスト六法】

特色

① イラスト化による平易な解説で読みやすい
② 豊富な実例により「生きた法律」が身につく
③ 複雑な手続も一目見てわかる図解を駆使
④ 基礎知識から応用まで幅広いニーズに対応

本書とあわせて学習に・実務にご利用ください。
具体的テーマごとの問題対策・解決に最適です。

わかりやすい**借地** ──────────── 定価1500円＋税

わかりやすい**借家** ──────────── 定価1500円＋税

わかりやすい**交通事故** ──────── 定価1400円＋税

わかりやすい**離婚** ──────────── 定価1500円＋税

わかりやすい**訴訟のしくみ** ──── 定価1500円＋税

（定価は2018年3月現在のものです）

自由国民社　出版案内

試験に・学習に役立つ
【法律入門書】

特色

① 難しい法律を可能なかぎりわかりやすくする工夫満載
② 実例をまじえた説明を心がけ具体的に理解できる
③ 法律のしくみを目で見て理解する図解を駆使

本書とあわせて試験に・学習にご利用ください。
法律のより深い理解を可能にします。

図解による法律用語辞典──────定価2500円＋税
国家試験受験のためのよくわかる憲法──定価2000円＋税
国家試験受験のためのよくわかる民法──定価3000円＋税
Ｓ式生講義　入門民法１──────定価2200円＋税
Ｓ式生講義　入門民法２──────定価2600円＋税
法律の抜け穴全集─────────定価1800円＋税
決定版 民法がこんなに変わる！───定価2700円＋税

（定価は2018年3月現在のものです）